短线高手3

江道波 ◎ 著

地震出版社
Seismological Press

图书在版编目（CIP）数据

短线高手．3 / 江道波著．—北京：地震出版社，
2022.12

ISBN 978 – 7 – 5028 – 5502 – 4

Ⅰ．①短…　Ⅱ．①江…　Ⅲ．①股票投资－基本知识
Ⅳ．①F830.91

中国版本图书馆 CIP 数据核字（2022）第 207575 号

地震版　XM4980/F（6335）

短线高手3

江道波　著

责任编辑：李肖寅

责任校对：凌　樱

出版发行：**地 震 出 版 社**

　　　北京市海淀区民族大学南路 9 号　　　　　邮编：100081

　　　发行部：68423031　68467991　　　　　传真：68467991

　　　总编室：68462709　68423029

　　　证券图书事业部：68426052

　　　http://seismologicalpress.com

　　　E-mail: zqbj68426052@163.com

经销：全国各地新华书店

印刷：北京广达印刷有限公司

版（印）次：2022 年 12 月第一版　2022 年 12 月第一次印刷

开本：710×1000　1/16

字数：295 千字

印张：15.5

书号：ISBN 978 – 7 – 5028 – 5502 – 4

定价：60.00 元

内 容 简 介

本书的目标读者是严肃认真的短线交易者。书中介绍的短线分析法，是作者十余年股海实战经验的总结与升华。

"短线看盘"：把"盘口界面"与"K线界面"完整地呈现在读者的面前。

"短线陷阱"：从"盘口""指标"以及"图形"三个方面详细地介绍了主力制造的各种陷阱。

"短线操盘"：从"理论""量化"及"心理"层面全方位地介绍了操盘要点。

"短线炒新"：伴随着科创板和创业板注册制的推出以及即将到来的全面注册制，新股上市后"连续涨停"的奇观将不复存在，代之而来的是前五个交易日"无涨跌幅限制"。本书适时推出了注册制背景下的短线炒新股方法。

"短线猎杀主力"：分别介绍了主力"试盘""建仓""洗盘""拉升""出货"过程中的短线操作要点。

"短线黑马"：从"静态捕捉"黑马股到"临盘捕捉"黑马股，从黑马股的买点到黑马股的卖点。"骑马"技巧一览无余地呈现在读者的面前。

"短线龙头"：本章详细介绍了什么是龙头股以及如何通过龙头板块的联动效应来即时捕捉龙头板块中的龙头股。

"短线选股"：以A股市场为蓝本，诠释高超的选股技巧，以技术眼光对股票的选股策略及技巧进行详细阐述。

"短线资金"：抓住了资金流向，就抓住了主力的命门，就找到了赚钱的"核动力"！

"短线赢家"：本章的最大价值在于超越了短线作为一种实战技巧的范畴，而是进入了一个操盘手自我认知的领域。

十个学习步骤，提供了一个短线操作的清晰路径，并将其应用于现实环境中。通过学习，你将发现如何根据价格、时间和指标等经过组织的信息，去理解市场变化的机理，理解其中隐含的意义，且能够自动根据这些信息进行交易，并获得巨大回报。

序

——炒股其实炒的是心态

为什么有的投资者在股市上由小散起步，身经百战后屡有斩获，利润像滚雪球一样越滚越大，最终坐拥亿万身家，成为叱咤风云的股坛奇才，而有的投资者到头来却沦为主力的砧上肉、盘中餐？

上海有一位老年股民，从仅有的 10000 元起步，只用了 5 年时间，就赚了 100 多万元，记者采访他时，问他精通什么炒股绝技，他说，自己只会一种简单的技术而已，那就是 5 日均线。只要股价站上 5 日均线，他就买入；股价跌破 5 日均线，就坚决卖出。

从这一例子来看，炒股赚钱其实也并不需要掌握太多的技术和资金。

平心而论，A 股市场上目前并没有真正形成一套国人原创的技术理论体系，许多来自国外的操作理论，并不一定切合 A 股的实际。更有甚者，20 世纪 90 年代以及本世纪头十年，由于技术分析界基本上处于一片空白，一些自称熟悉境外市场的所谓"技术分析大师"大行其道，其实皆沽名钓誉之徒。但是，许多投资者往往将这些所谓的"大师"奉若神明，甚至到了亦步亦趋、教条式跟随的地步，这样做显然是很不理智的。

实际上，股市中真正的高手，赖以制胜的并不仅仅是书本上的知识，更多的是将毕生各种所学以及丰富的人生阅历、感悟等凝结而成的一种理性操作的良好心态。这恰恰是大多数投资者所缺少的。这种良好的心态并不是让我们无视亏损、拒不割肉，而是顺势而为。

神雾环保（300156，于 2022 年 8 月 25 日摘牌退市），当年号称环保股中的"一哥"，创业板中的"白马"，在 2015 年"股灾"后，其他股票纷纷下跌之时，该股却不跌反涨，最高涨至 2017 年 3 月的 37.56 元，较 2015 年的低点翻了近四倍。在该股还没有达到此高点之前，笔者有一位朋友在 25 元附近抵押房子买入了 10 万股。当时他告诉我他得到确切消息，国家将严查环保，可以说对环保股是特大利好，而神雾环保又是环保龙头，肯定要涨。正如我那朋友所言，2017 年国家确实大力严查环保，但可怜的是，该股自摸到 37.56 元的高价后一路狂跌，而他仍自信地持有。此后该股股价先后跌穿了 10 元、5 元、1 元……，后来我这个朋友消失了，但该股并没有因为他的消失而停止暴跌，至笔者落笔时，该股已经跌至 0.32 元，即将退市。呜呼哀哉！这不正应了那句"利好不利好，利多不利多"股市谚语吗？下图为神雾环保（300156）2015 年 9 月至 2020 年 6 月的日 K 线界面图。

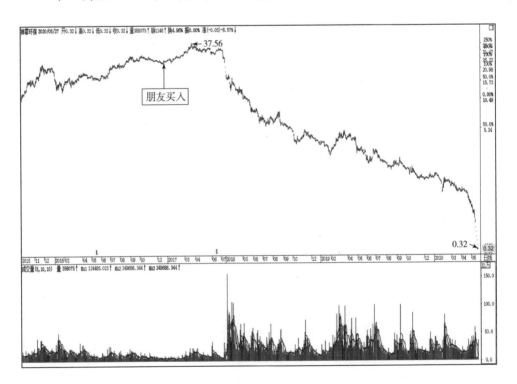

这个故事告诉我们什么道理呢？在股市中，投资者的良好心态绝不能被片面视为"胆大妄为"。心理承受能力是一种客观的做事心态，至少在证券市场是如此。譬如，你长期观察和跟踪一个质地优良的个股，当你一旦介入，而该股又出现了与预期相反的走势，那么此时的良好心态即表现为止损出局，而非盲目看多持有。

在资本市场上，顶尖高手之所以屡战屡胜，所向披靡，并不是因为他们所运用的技术多么神奇，而是因为他们的心境不同。他们对如何在股市上进行投机和投资具有相当深刻的感悟和认知，而且凭借着良好的心态做指引，从而使自己的操作达到了出神入化的地步。这才是他们与普通投资者的最大区别！

比如，一位百步穿杨的神箭手，他之所以能够百发百中，所凭借的已经不再是当初的套路和招式了，所依靠的是一种条件反射式的本能。这是一种无招胜有招的至高境界。从这个角度来说，投资者想要步入炒股的至高境界，达到运用自如，出神入化的地步，成为股市的顶尖高手，成为股市的真正赢家，首先应当学会培养自己正确而良好的心态，培养过硬的心理素质，达到一种相对圆满的境界，唯有如此，才能最终达到自己的赢利目标。

这种至高境界，需要用心去体会、琢磨，只可意会而不可言传，需要有较高的悟性和丰富的人生阅历，才能把握和领悟其中的精髓。当然，人的悟性并不完全是由天分高低来决定的，后天的学习和实践有时比天分更为重要。因此，要想在股市中长久生存，要想达到无招胜有招的至高境界，除了不断地学习实践，不断地积累经验之外，别无他途。

目　　录

第一章
短线看盘

本章摘要：本章把"盘口界面"与"K线界面"完整地呈现在读者的面前。详细讲解了看盘的基本要素与基本要领，力求让刚入市的新股民都能一看就懂、一学就会。

第一节　盘口界面

　　"盘口"是在股市交易过程中，看盘观察即时交易动向的俗称。看"盘口"是需要一定功夫的，看懂了"盘口"，对买卖股票的决策将大有帮助。

　　比如，仔细观察某一只股票在开盘之后的盘口走势；观察买盘、卖盘的每一笔成交；观察大笔成交的动向；观察当日量比的大小等等，都是在看"盘口"。看"盘口"时，需要经验的积累、需要熟悉主力做盘的种种手法，才不至于被主力欺骗。主力不同，时间不同，做盘手法都不一样，"盘口"表现不是固定的，需要长时间地观察、不断分析，最重要的是，要经过在交易实战中总结经验，不断提高。

盘口要素

　　图 1－1 为温州宏丰（300283）2021 年 1 月 22 日的盘口界面图。

（一）开盘价[①]

　　开盘价又称开市价，是指某只股票每个交易日开市后的第一笔成交价格。世界上大多数证券交易所都采用成交额最大原则来确定开盘价。如果开市后一段时间内某只股票没有成交，则取前一日的收盘价作为当日开盘价。

　　（1）平开：当日的开盘价等于前一交易日收盘价的情况称为平开；

　　（2）低开：当日的开盘价低于前一交易日收盘价的情况称为低开；

　　（3）高开：当日的开盘价高于前一交易日收盘价的情况称为高开。

---

　　① 部分软件标注为"今开"。

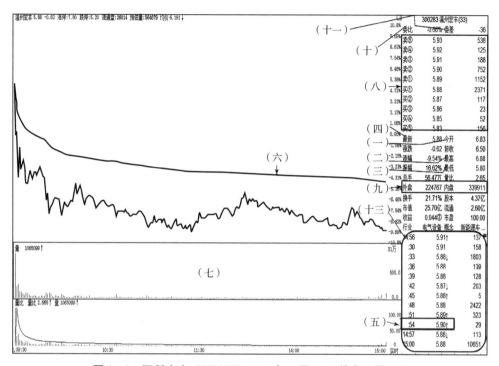

图 1-1 温州宏丰（300283）2021 年 1 月 22 日的盘口界面图

（二）最高价①

最高价指某只股票在每个交易日从开市到收市的交易过程中所产生的最高价格。若当日该股成交价格没有发生变化，即时价就是最高价；若当日该股停牌，则前一交易日收市价就是最高价。最高价有时是一笔，但有时会有多笔。

（三）最低价②

最低价指某只股票在每个交易日从开市到收市的交易过程中所产生的最低价格。若当日该股成交价格没有发生变化，即时价就是最低价；若当日该股停牌，则前一交易日收市价就是最低价。最低价有时是一笔，但有时会有多笔。

---

① 部分软件标注为"最高"。
② 部分软件标注为"最低"。

（四）收盘价[1]

收盘价指当日该股最后一笔成交价格。当日无成交的，以前一交易日收盘价为当日收盘价；沪深两市的收盘价通过集合竞价的方式产生，收盘集合竞价不能产生收盘价的，以当日该股最后一笔交易前一分钟所有交易的成交量加权平均价（含最后一笔交易）为收盘价。

（五）成交价

成交价是经由买卖双方充分参与，在一定的撮合原则下，由市场供需决定的公平、合理的价格，即股票的即时交易价格。[2]

（六）均价线

股票盘口走势图由股价线[3]和均价线两条线组成。通常，股价线由黑色线表示，均价线由蓝色线表示。[4]

与K线图上以每天收盘价作为统计依据的均线[5]不同，均价线以盘口总成交额除以盘口总成交量的运算方式测算当前每一股的平均成交价，能够十分精确地统计出当前所有交易者的综合持仓成本。因此，有了这条均价线，我们就可以在盘面做一些简单的推理：

（1）当股价线持续在均价线上方运行时，表明市场预期较好，买盘踊跃，当天介入的大部分交易者都处于盈利状态，属强势盘口特征；

（2）当股价线持续在均价线下方运行时，表明市场预期较差，卖盘踊跃，当天介入的大部分交易者都处于亏损状态，属弱势盘口特征；

（3）当均价线从低位持续上扬时，表明市场预期较好，交易者纷纷入场推进股价上涨，综合持仓成本不断抬高，对股价形成支撑；

（4）当均价线从高位持续下挫时，表明市场预期较差，交易者纷纷离场迫使股价下跌，综合持仓成本不断下降，对股价形成压制。

---

[1] 当股市收盘后，软件上的"最新"即"收盘价"。

[2] 图1-1中14：56：54的成交价为"5.90元"。

[3] "股价线"即"股价"。

[4] 不同的软件颜色会有所不同。

[5] 参见拙作《炒股实战技法》，北京：中国宇航出版社。

一般来说，上一交易日的收盘价是今天盘口多空力量的分水岭，如果开盘后半小时内均价线在上一交易日收盘价上方持续上扬，表明该日盘口属极强势且当天收出中大阳的概率较大；开盘后半小时内均价线在上一交易日收盘价下方持续下行，表明该日盘口属极弱势且当天收出中大阴的概率较大。

均价线是短线实战的一个重要研判工具，它与股价线交叉错落、如影随形，临盘运用因人而异，特别是当一轮极端炒作的主升浪行将结束之时，盘口拉高的股价突然一改强势上攻个性，击穿均价线后大幅回落，此后如果均价线失而复得后又得而复失，则是短线出局的强烈信号。

（七）盘口量

每一根量柱代表的是一分钟的成交量，量柱的长短代表成交量的大小，而颜色的红绿，和这一分钟股价的涨跌有关。这一分钟结束后，股价涨了，量柱为红色；股价跌了，量柱为绿色，如果是不涨不跌，亦为绿色[①]。本书为黑白印刷，图上无法显示颜色，请读者在实际交易中自行观察，全书同。

（八）买卖盘

简单点说，买盘就是想买进股票的订单；卖盘就是想卖出股票的订单。交易委托买卖股票遵循"价格优先，时间优先"原则。交易报价中委买委卖是最优的买卖盘的提示，大家能够看到的是队列的前5位，即买一至买五，卖一至卖五。它是未成交的价和量。

（九）内外盘

（1）内盘是指主动卖出成交的数量，即卖方主动以低于或等于当前买一、买二、买三……价格下单卖出股票时成交的数量，用绿色显示。内盘的多少显示了空方急于卖出的数量；

（2）外盘是指主动买入成交的数量，即买方主动以高于或等于当前卖一、卖二、卖三……价格下单买入股票时成交的数量，用红色显示。外盘的多少显示了多方急于买入的数量。

---

① 部分软件为黑色。

（十）委比

委比是衡量某一时段买卖盘相对强度的指标。委比的取值自 –100% 到 100%，100% 表示全部委托均是买盘，涨停的股票的委比一般是 100%；而跌停是 –100%，表示全部委托均是卖盘。

（十一）委差

委买委卖的差值即委差，是投资者意愿的体现，一定程度上反映了价格的发展方向。委差为正，价格上升的可能性就大；反之，下降的可能性就大。之所以要加"一定程度上"，是因为还有人为干扰的因素，比如主力制造的假象等。

（十二）量比

量比是衡量相对成交量的指标。它指开市后平均每分钟的成交量与过去 5 个交易日平均每分钟成交量之比。其计算公式为：

量比 = （成交总手数/累计开市时间）/过去 5 日平均每分钟成交量

（十三）盘口成交明细

盘口成交明细，就是按时间顺序记录的成交单子数量和价格，以及买卖情况。

分时成交明细中的"B"表示主动性买入，买方主动，表示买方挂高于市价买入；"S"表示主动性卖出，卖方主动，表示卖方挂低于市价卖出。无"BS"标记的表示是不明单，系统根据当时的叫买叫卖价无法得知是主动性买单还是卖单。①

---

① 部分行情软件没有"BS"标记。

第二节　K 线界面

"K 线界面"就是我们通常所说的"K 线图"。在"盘口"页面里按"F5"或"05 + Enter"就可以切换到"K 线界面"。

K 线界面包括 K 线区、量能区、指标区、五档买卖盘口区、相关数据区以及成交明细和标签区六大分区。如图 1 - 2 所示。

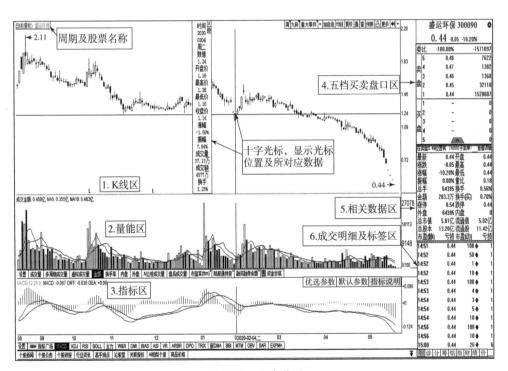

图 1 - 2　六大分区

K 线界面的主要功能如下。

一、指标用法

单击指标区右上角的"指标说明",可以查看相应的指标详情。如图 1 - 3 所示。

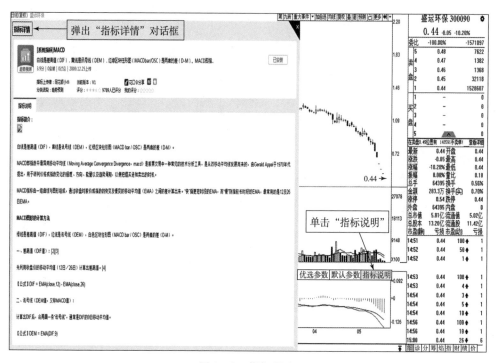

图 1 - 3　指标用法

二、区间统计

当投资者看 K 线图的时候,往往希望知道在某个区域的涨跌幅多大、换手率多少等。绝大多数行情软件都提供"区间统计"功能,只要简单地在 K 线图上您感兴趣的区域用鼠标右键拉出一个框,系统将对这个框所对应时间段里股票的涨跌幅、总成交量、换手率等指标做出统计,让您简单、快捷地分析股票的走势。在出现"区间统计"对话框之后只要单击对话框右上角"×"按钮,表格就会自动消失。如图 1 – 4 所示。

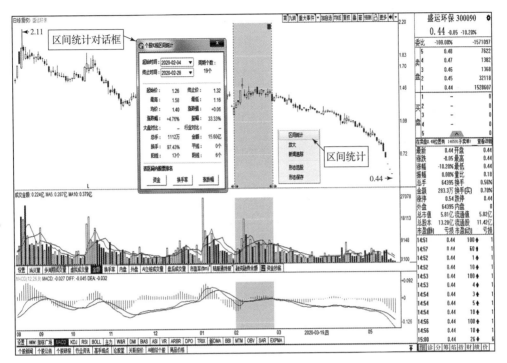

图 1 – 4　区间统计

三、叠加品种

叠加品种是指将其他品种叠加到同一 K 线界面对比查看。

由于不同的股票价格差别往往较大，将他们直接叠加在一起看就会产生两个间距较大的曲线。所以一般情况下您需要将坐标转换成百分比坐标，即不同股票、指数在 K 线图的可视范围内的起始值都画在一起，然后以涨跌的百分比绘图。在您选择了叠加的品种代码之后，系统将自动转换至百分比坐标。如果您希望回到正常的价格坐标，可以在"坐标类型"里面选择。图 1 – 5 为莱绅通灵（603900）日 K 线走势与上证指数（000001）日 K 线走势的叠加图。

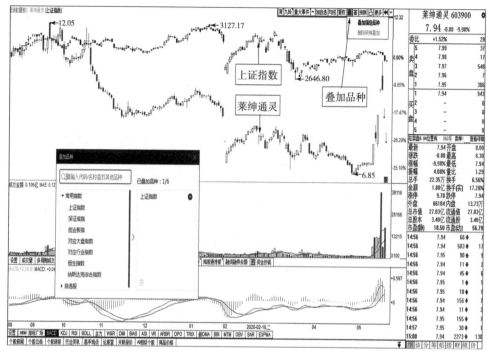

图1-5 莱绅通灵（603900）日K线走势与上证指数（000001）日K线走势的叠加图

四、叠加指标

　　将其他的曲线（含各种技术指标、交易系统、五彩K线等）叠加到该窗口以对比查看。系统将依据鼠标点击的"曲线坐标类型"自动找出系统里与此类窗口对应的曲线并列出来以供叠加。如图1-6所示，在莱绅通灵（603900）日K线界面上叠加"交易系统"之"MACD系统"，界面上随即出现"MACD系统"所发出的买卖信号。

五、坐标类型

　　有三个坐标可供选择："主图坐标""成交量坐标"以及"副图坐标"。应根据曲线所处的不同的位置，选择不同的坐标。如图1-7所示。

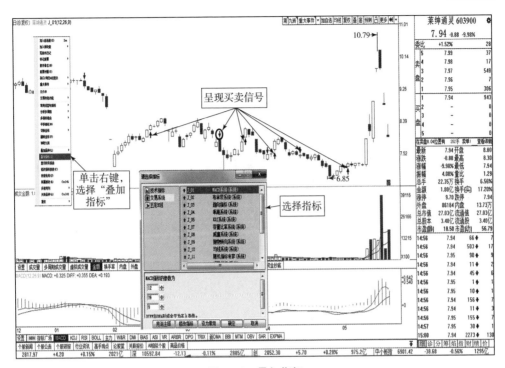

图1-6　叠加指标

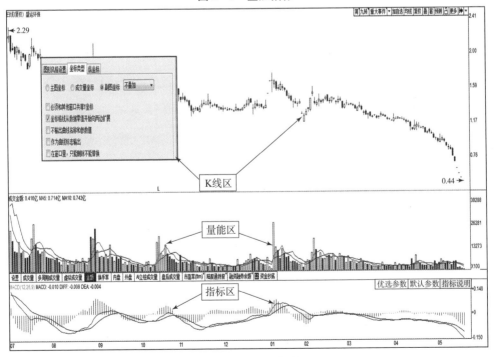

图1-7　坐标类型

（一）必须和其他窗口共享 Y 坐标

如果该曲线需要与其他窗口使用相同的 Y 坐标轴，则打钩选择。如成交分布曲线与左边的 K 线窗口使用相同的价格坐标，就可以将两个曲线对应起来。

（二）坐标从数据零值开始向两边扩展

Y 坐标设定的"数据零值"为坐标原点。如"盘口"走势页面就是将昨日收盘价作为数据零值，Y 坐标以当天最高或最低作为最大值。

（三）不输出曲线名称和参数值

一般曲线为了方便查看会输出曲线名称和参数值。如指标区中的 MACD 指标，上面就有"MACD(12,26,9)"。如果不希望输出的话，则在这里打钩。

（四）作为曲线标志输出

如果本曲线只希望画出间断的符号，而不是连续的曲线时，在这里打钩。如"交易系统"里的买卖符号。

（五）在窗口里只能删除不能替换

选中此项后，使用"常用指标"功能更改指标时，就不会将现有指标删除，仅仅是叠加在一起，而一般情况下会将现有指标替换掉。

六、坐标切换

在 K 线界面单击右键，选择"切换坐标"可切换当前窗口纵坐标的类型，分为"普通坐标""对数坐标"及"百分比坐标"。如图 1-8 所示。

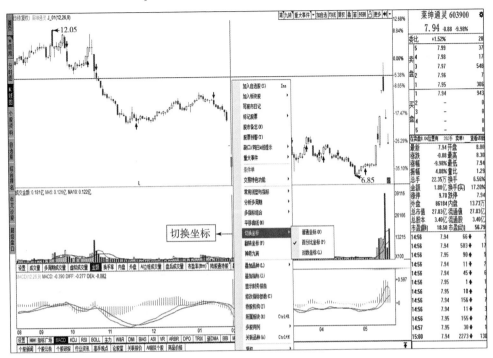

图 1-8　坐标切换

七、选择指标

用于指标间的切换，行情软件中列出了一些最常用的指标作为默认指标。单击"设置"可以调出"指标标签"对话框，点击对话框中的"添加""删除"按钮，可以更改当前系统的默认常用指标。如图 1-9 所示。

八、平移曲线

右键选择这个功能后，鼠标呈现小手的模样。您可以通过点住鼠标左键拖动来平移曲线，查看历史走势，再次点击"平移曲线"则取消这个功能。如图 1-10 所示。

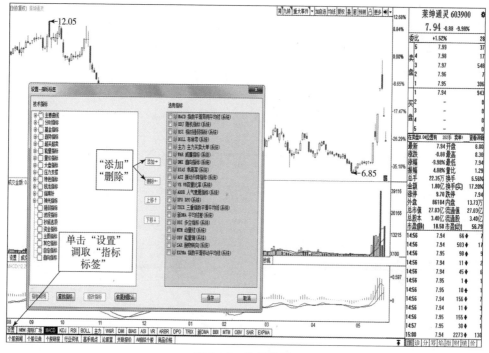

图 1-9　选择指标

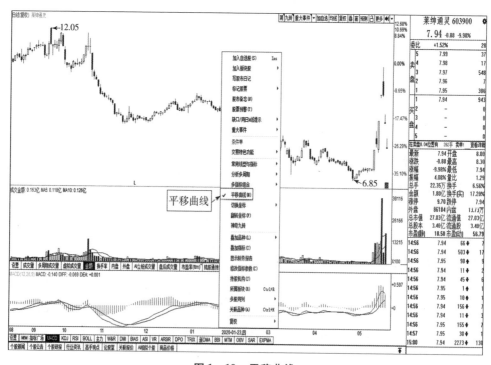

图 1-10　平移曲线

九、修改参数

在"指标区"的右键菜单里选择"修改指标参数"，就可以在"参数设置"对话框里面设置您需要的参数。您还可以直接在指标窗口左上角显示技术指标数值的地方用鼠标左键双击，也可弹出"参数设置"对话框，同时您还可以在这里查看指标说明。如图 1-11 所示。

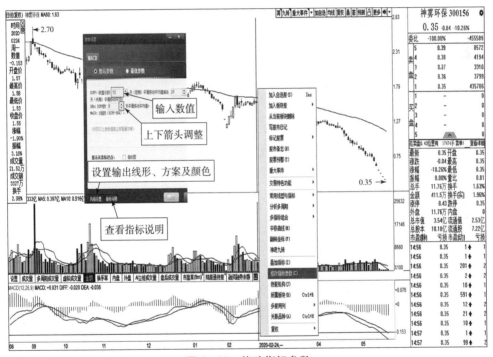

图 1-11　修改指标参数

十、所属板块

点击 Ctrl + R 可以显示当前个股所属的板块概念，以及该板块的股票个数，双击板块名称可以切换至选中的板块，显示该板块的所有个股。如图 1-12 所示。

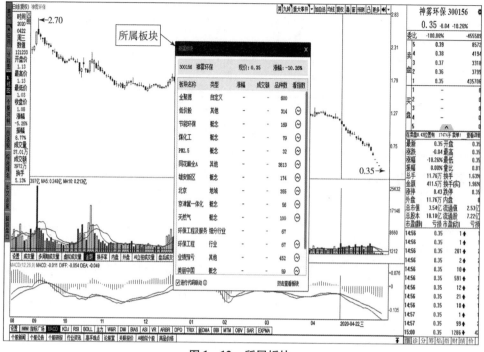

图 1 - 12　所属板块

十一、股市日记

　　当投资者在看股票的时候可能会有些想法或者交易记录希望记录下来，方便以后可以随时查看。大多数行情软件都提供股市日记功能，方便投资者记下投资心得。添加方式：在 K 线区点击右键，选择"写股市日记"，点击进入"股市日记"对话框，点击"添加事项"即可；鼠标左键再次移动到已写的日记标题时，会弹出另一对话框，包括"编辑"和"删除"，可对原有日记进行重新编辑或删除。如图 1 - 13 所示。

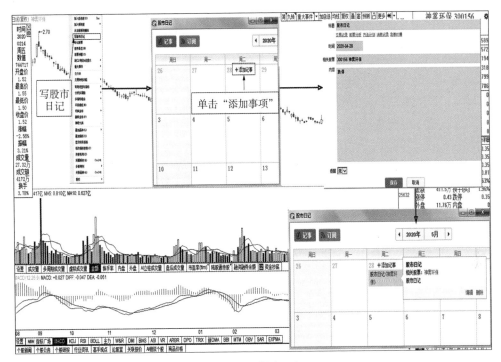

图 1 - 13 股市日记

十二、股市备忘

除了写复杂一点的日记外，还可以做一些简单的备忘。右键后选择"股市备忘"，会弹出一个"图形标记"的对话框，输入标题和正文后，选择"标记样式"为"锚点"，然后单击"确定"。此时 K 线图上将出现一个"锚点"标记，拖动"锚点"，可以任意改变其位置。如图 1 - 14 所示。

十三、切换周期

按 F8 键，可依次从 1 分钟 K 线图切换到 5 分钟 K 线图、15 分钟 K 线图、30 分钟 K 线图、60 分钟 K 线图、日 K 线图、周 K 线图、月 K 线图、季 K 线图以及年 K 线图，也可点击右键，在右键菜单"分析多周期"里选择您想要的 K 线周期。如图 1 - 15 所示。

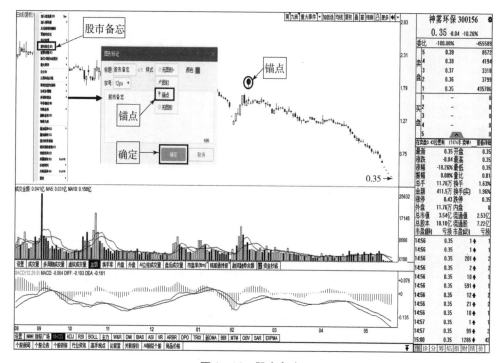

图 1-14 股市备忘

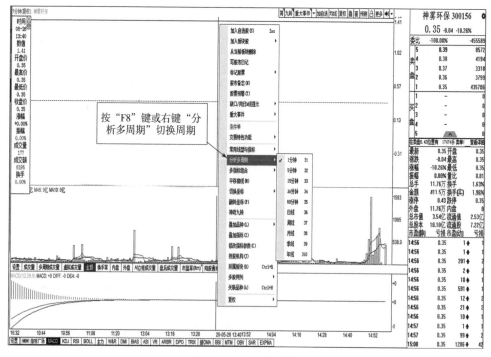

图 1-15 切换周期

十四、窗口组合

大多行情软件都提供九图组合，投资者可以借助这几个页面同时查看多个不同的技术指标的走势状况，进行对比分析。如果您想更换指标，可以直接选中某个窗口，然后在键盘上输入指标名称，就会更换相应窗口的技术指标。如图1－16所示。

Alt＋1：一图组合

Alt＋2：二图组合

Alt＋3：三图组合

……

Alt＋9：九图组合

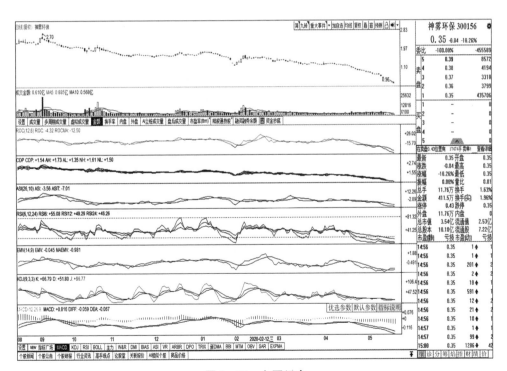

图1－16 九图组合

十五、翻转坐标

在很多情况下，头部形态和底部形态是相似的，比如头肩顶与头肩底。对于投资者来说，有人对顶部图形把握得比较好、有人却对底部图形很熟悉。如果能把K线图翻转过来，就能更容易地观察、判断。绝大多数行情软件皆有此功能，您只要在右键菜单里选择"翻转坐标"就能实现这个功能。如图1-17所示。

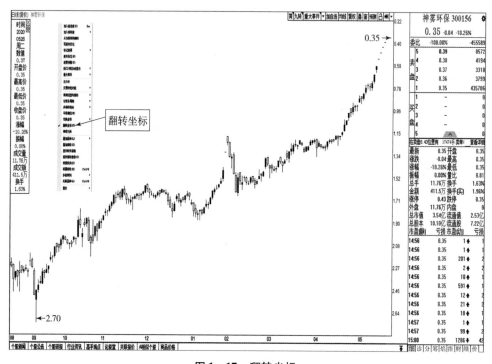

图1-17　翻转坐标

十六、筹码分布

筹码分布显示了市场的持仓成本，它由一条条柱线组成。打个比方来说，如果聚集一只股票的全体流通盘的股东，并假设股票果真是一只只筹码，让大家把这些筹码按照其买入成本挂到K线的相应价位上,这样筹码就会堆积起来。如果某价位的筹码多一些,则筹码就堆得高一些,反之,就矮一些。这样,随着光标的移动,我们就可以直观地看到筹码的转移,"筹码分布"把市场中所发生的交易形象地表现了出来。

点击"成交明细及标签区"的标签"筹"即可看见"筹码分布"图。点击标签"焰"即可看见"火焰山"——彩色的成本分布线。它能够显示套牢盘和获利盘,显示成本集中度,直观显示当日新增成本。图1-18为棒杰股份(002634)2019年8月16日至2020年5月15的日K线界面图。图中右半部分柱状图的长短反映了光标停留的那一天(2019年12月9日),分布在各个价位筹码的多少。红色表示获利的筹码,蓝色表示套牢的筹码。

图1-18　筹码分布

十七、复权处理

除权、除息之后，股价随之产生了变化，但实际成本并没有变化。如：原来20元的股票，十送十之后变为10元，但实际还是相当于20元。从K线图上看这个价位看似很低，但很可能就是一个历史高位。因此如果不进行权息修正（复权），就很可能影响到投资者判断的准确性。同时，因为指标都是根据K线的数据计算的，因此，扭曲的股价也会影响到指标的准确性。

（一）向前复权

"向前复权"是以最近一次除权后的K线价格为基准，将除权前的K线依次向下平移，使图形吻合。

（二）向后复权

"向后复权"是以第一次除权前的K线价格为基准，将后来每次除权后的K线依次上移，与除权前的图形相吻合。

（三）高级复权

（1）个性复权。

在这里投资者只用输入一个时间，系统将以这一天的价格为基准对前后历次除权做复权。

（2）任意复权。

可以设置自己希望的复权时间段和方式，即仅对任意一段时间内的除权作任意方式的复权。有三个时间段供您选择。如果您只希望看某一天之后的复权结果，可以"从上市日开始"选择"除权"到"某一日"，在"然后"后面选择"向前复权"到当天。

如图1-19所示，点击"复权"标签，选择"高级复权"，选择"任意复权"，"从上市日开始"选择"除权"到2020年4月21日，然后选择"向前复权"至2020年5月26日，那么，K线界面显示的仅是该股自2020年4月21日至5月26日的复权结果。

图 1-19　复权处理

十八、持股机构

右键选择"持股机构"，可以查看持有该股的基金和机构的名称、持股数量、占流通股比例等信息。在基金名称上双击还可以查看该基金的走势。如图 1-20 所示，华明装备（002270）的机构持股中，没有基金持仓，而机构持有者总共 7 家，机构持股总数 35215.992（万股），占流通股比例总和为 48.100%。

十九、快捷键

在 K 线界面按下面的快捷键，就能直接跳转到对应的页面里面去。

（1）01＋Enter（F1）——成交明细；

（2）02＋Enter——中小板；

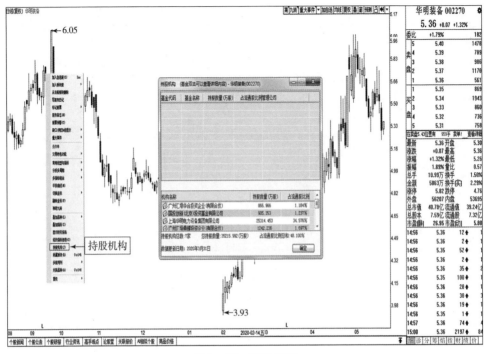

图 1－20　持股机构

(3) 03 + Enter——上证指数;

(4) 04 + Enter——深证成指;

(5) 05 + Enter (F5) ——分时图;

(6) 06 + Enter——自选股;

(7) 07 + Enter——个股全景;

(8) 08 + Enter (F8) ——切换周期;

(9) 09 + Enter (F9) ——个股诊断;

(10) 10 + Enter (F10) ——个股资料;

(11) Ctrl + F11——财务图示年报;

(12) Tab——显隐均线;

(13) Ctrl + L——多股同列;

(14) Ctrl + Q——复权切换;

(15) Ctrl + R——所属板块。

第三节　看盘提要

一、波动态势

（1）盘口走势重心不断上移，高点一波比一波高，股价线和均价线均处于向上的态势，且上涨幅度大于3%，属于超级强势态势，短线可积极展开；

（2）盘口走势重心不断上移，高低点偶有重叠，属于震荡上扬格局，短线可择机展开；

（3）盘口走势横向水平波动，高低点反复重叠，属于震荡牛皮格局，短线应小心展开；

（4）盘口走势重心向下运动，高低点逐级下移，属于震荡下跌格局，短线宜停止展开。

二、量价关系

（1）盘口走势涨时有量、跌时无量，说明量价关系健康正常，短线操作可积极展开；

（2）盘口走势涨时无量、跌时有量，说明量价关系不健康，主力诱多，短线操作宜小心展开。

三、涨跌家数

盘口涨跌家数对比，可以反映大盘涨跌的真实情况。图 1-21 为创业板指（399006）2020 年 5 月 27 日的盘口涨跌家数。其中上涨 248 家、下跌 538 家、平盘 20 家、涨停 17 家、跌停 4 家、空盘 8 家。

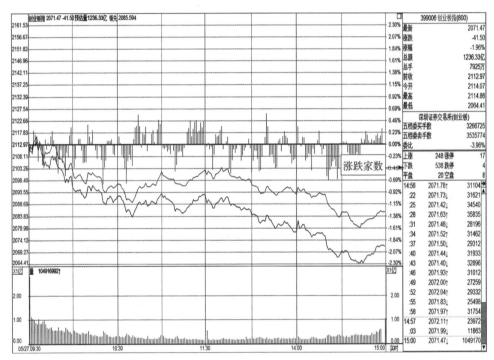

图 1-21　创业板指（399006）2020 年 5 月 27 日的盘口涨跌家数

（一）大盘涨

（1）上涨家数大于下跌家数，说明大盘上涨自然，涨势真实，短线操作可以积极展开；

（2）下跌家数大于上涨家数，说明主力拉抬指标股，涨势虚假，短线操作应视目标个股小心展开。

（二）大盘跌

（1）下跌家数大于上涨家数，说明大盘下跌自然，跌势真实，短线操作应暂时停止；

（2）上涨家数大于下跌家数，说明主力打压指标股，跌势虚假，短线操作应视目标个股小心展开。

四、涨跌龙虎榜

在沪深两市，投资者都可以通过行情要素栏目快速排序的方法得到市场的实质。行情要素栏目排序功能是专业选手快速掌握市场真实情况的窗口。

涨跌龙虎榜的首版直接告诉我们当日、当时市场中最强大的主力的活动情况。如果连力量最强大的主力都不敢出来表现，则市场强弱立判。图 1－22 为2021 年 1 月 22 日沪深涨跌龙虎榜首版。

	代码	名称		涨幅%	现价	涨跌	买价	卖价	总量	现量	涨速%	换手%	今开	最高	最低	昨收	市盈动	总金额	量比	细分行业	地区	振幅%
1	300933	N中辰	C	284.6	12.96	9.59	12.96	12.97	595182	2619	-0.14	69.12	12.25	14.50	11.77	3.37		69.16	7.44亿	0.00	电气设备	江苏	81.01
2	688680	N海优	K	211.7	218.00	148.06	218.00	218.08	146606	1231	0.33	75.84	222.00	236.00	214.00	69.94	118.29	33.0亿	0.00	塑料	上海	31.46
3	688932	N三友	C	117.7	53.76	29.87	53.75	53.76	117416	1810	-1.33	66.08	52.00	52.00	24.69	45.50		11.6亿	0.00	元器件	广东	64.80
4	300152	科融环境	C	20.13	3.64	0.61	3.64	-	964641	3211	0.00	13.54	3.06	3.64	3.03	3.03			3.26亿	1.40	环境保护	河北	21.45
5	300289	利德曼	C	20.07	7.12	1.19	7.12	-	394440	336	0.00	9.45	5.80	7.12	5.80	5.93	449.88	2.73亿	4.24	生物制药	北京	22.26
6	688598	金博股份	C	20.00	235.33	39.22	235.33	-	12763	19	0.00	6.66	226.00	235.33	219.00	196.11	123.56	2.95亿	0.97	矿物制品	湖南	8.33
7	688399	硕世生物	C	19.80	231.88	38.33	231.88	231.89	44969	599	-0.04	14.00	195.82	232.26	193.86	193.55	17.52	9.59亿	4.03	医疗保健	湖南	19.45
8	300298	三诺生物	C	17.63	40.97	6.14	40.97	40.98	146459	1399	0.10	3.32	35.50	41.08	35.00	34.83	69.63	5.74亿	3.33	医疗保健	湖南	17.46
9	688656	浩欧博	C	16.00	91.00	12.55	91.00	91.20	25632	598	1.70	19.97	77.69	91.00	77.45	78.45	111.23	2.10亿	0.71	生物制药	江苏	17.27
10	688363	华熙生物	C	15.59	192.00	25.89	192.00	192.02	55408	471	0.52	5.94	169.91	192.41	168.00	166.11	107.76	10.1亿	1.86	生物制药	山东	14.70
11	300314	戴维医疗	C	15.56	18.42	2.48	18.42	18.43	190482	2306	-0.10	10.06	15.75	18.50	15.66	15.94	31.44	3.33亿	3.82	医疗保健	浙江	17.82
12	688317	之江生物	K	14.44	84.26	10.64	84.26	-	122179	2177	0.17	38.00	72.50	86.72	72.02	73.82	17.69	12.2亿	0.99	生物制药	上海	19.91
13	300030	阳普医疗	C	13.54	13.33	1.59	13.33	13.34	334308	5920	-0.81	13.14	11.64	13.91	11.41	11.74	--	4.23亿	4.80	医疗保健	广东	19.59
14	300244	迪安诊断	C	13.17	49.75	5.79	49.74	49.75	400857	2885	-0.33	8.76	44.92	50.71	44.92	43.96	25.74	10.8亿	2.42	医疗保健	浙江	13.17
15	688298	东方生物	C	12.69	188.73	21.26	188.61	188.73	19263	566	-0.14	16.98	167.00	196.37	164.60	167.47	25.56	8.69亿	3.05	生物制药	浙江	18.85
16	688202	美迪西	K	12.63	271.72	30.48	271.72	271.80	10409	81	1.22	3.97	245.82	272.98	243.98	241.24	169.02	2.67亿	0.00	医疗保健	上海	12.02
17	300165	天瑞仪器	C	11.96	5.15	0.55	5.15	5.16	422444	2680	0.00	14.11	4.51	5.35	4.46	4.60	84.37	2.15亿	7.13	电器仪表	江苏	19.35
18	300677	英科医疗	C	11.90	284.36	30.01	284.36	284.35	152739	2157	0.36	7.36	254.36	290.00	249.00	254.35	17.18	46.3亿	1.53	医疗保健	山东	16.12
19	300012	华测检测	C	11.61	31.35	3.26	31.35	31.36	327805	2461	-0.84	2.17	27.98	31.99	27.85	28.09	98.28	9.82亿	2.27	电器仪表	广东	11.86
20	689009	九号公司-UWD	K	11.37	99.10	10.12	99.00	99.10	63617	638	0.12	10.80	90.47	102.77	89.30	88.98	615.61	6.11亿	1.26	专用机械	北京	15.14
21	688289	圣湘生物	K	10.97	136.80	13.52	136.80	136.81	55956	566	-0.14	14.00	124.90	140.90	124.25	123.28	20.39	7.31亿	2.78	医疗保健	湖南	13.51
22	300390	天华超净	C	10.34	27.00	2.53	27.00	27.01	403558	2841	0.07	11.26	24.30	27.49	24.05	24.47	65.48	10.6亿	1.27	元器件	广东	12.74
23	688408	中信博	K	10.16	194.70	17.96	193.75	194.70	10539	109	0.00	3.48	176.92	195.11	175.10	176.74	114.49	1.9亿	1.16	电气设备	江苏	11.82
24	688169	石头科技	K	10.12	1240.00	114.00	1235.00	1240.00	5291	34	3.25	1.17	1137.00	1248.00	1120.81	1126.00	68.94	6.31亿	1.57	家用电器	北京	11.30
25	300593	新雷能	C	10.12	36.33	3.34	36.33	36.34	193820	2544	-1.00	15.61	36.50	36.50	32.99	32.99	60.36	7.23亿	1.74	电气设备	北京	12.43
26	002464	众应互联	C	10.10	3.27	0.30	3.27	-	148665	91	0.00	2.85	3.15	3.27	3.08	2.97	--	4777万	1.01	互联网	江西	6.40
27		杭电股份	C	10.06	6.78	0.62	6.78	-	387833	213	0.00	6.11	6.08	6.78	6.07	6.16	30.66	2.56亿	1.23	电气设备	浙江	11.53
28	601956	东贝集团	N	10.06	8.75	0.80	8.75	-	146620	250	0.00	7.97	7.95	8.75	7.95	42.93		1.25	机械基件	湖北	11.19
29	600520	文一科技	C	10.06	7.00	0.64	7.00	-	27512	445	0.00	1.74	6.62	7.00	6.62	6.36	--	1901万	0.49	机械基件	安徽	5.97
30	300565	东风股份	C	10.05	6.35	0.58	6.35	-	162275	1948	0.00	1.22	5.77	6.35	5.77	5.77	101.07	1.01亿	1.85	广告包装	广东	12.13
31	002584	西陇科学	C	10.05	6.79	0.62	6.79	-	262966	541	0.00	6.79	6.46	6.79	6.17		68.89	1.78亿	0.65	化工原料	广东	9.63
32	002281	光鼎新材	C	10.04	12.38	1.13	12.38	-	41807	47	0.00	1.26	11.62	12.38	11.62	11.25	278.71	5141万	1.23	玻璃	江苏	6.76
33	002645	华宏科技	R	10.04	10.85	0.99	10.85	-	438635	2299	0.00	10.15	10.00	10.85	9.78	9.86	27.76	4.63亿	3.31	专用机械	江苏	10.85
34	600428	中远海特	R	10.04	5.48	0.50		-	105.4万	5071	0.00	4.91	4.98	5.48	4.81	4.98		5.45亿	1.29	水运	广东	13.45

图 1－22　2021 年 1 月 22 日沪深涨跌龙虎榜首版

（1）首版中如果有一半以上的股票涨停，则市场处于超级强势格局，短线战术可以根据目标个股的状态坚决果断地展开。此时，大盘背景为个股的表现提供了良好条件；

（2）首版中如果所有个股的涨幅都大于5%，则市场处于强势格局，短线战术可以根据目标个股的强弱态势精细地展开。此时，大盘背景为个股的表现提供了一般条件；

（3）首版中如果个股没有敢于涨停且涨幅大于5%的股票少于一半，则市场处于弱势格局，短线战术应该根据目标个股的强弱态势小心地展开。大盘背景没有为个股的表现提供有利条件；

（4）首版中如果所有个股的涨幅均小于3%，则市场处于极度弱势格局，短线战术必须无条件停止展开。此时，市场基本没有给短线选手提供任何机会，观望和等待是最好的策略。

五、相互验证

沪深两市同涨共跌才是正常现象。当沪深两市共涨时，短线操作可大胆展开；当沪深两市涨跌互现时，短线操作要小心。

第二章

短线陷阱

本章摘要：本章是对第一章的有益补充。本章从"盘口""指标"以及"图形"三个方面详细介绍了主力制造的各种陷阱，读者在看盘时应注意规避。

第一节 盘口陷阱

一、委比陷阱

委比指标是未成交已申报的买卖盘数量，很容易被主力造假。在进行实盘分析的时候，刚接触短线的投资者一定要对委比指标进行学习，实战经验丰富的投资者则往往可以忽略委比指标，因为高水平的投资者无须看委比指标，直接从上下5挡挂单上就可以判断出主力的操盘意图。

（1）如果主力想让委比指标负值极大，就会人为地在上方申报大卖单，从而达到卖压较大的迹象。图2-1为三元股份（600429）2020年5月27日的盘口走势图。从图中可以看到，该股股价在当日出现一轮连续上涨行情。当天股价上涨，而委比却负值极大，达-54.24%，数值反映当日委卖数远大于委买数，但该股最终以涨停价报收。

（2）如果主力想让委比指标正值极大，就会人为地在下方申报大买单，从而达到买盘汹涌的迹象。图2-2为三鑫医疗（300453）2020年5月27日盘口走势图。从图中可以看到，该股股价在当日出现一轮连续下跌行情，股价下跌，而委比却正值极大，达76.39%，数值反映当日委买数远大于委卖数，但该股最终跌超8%。

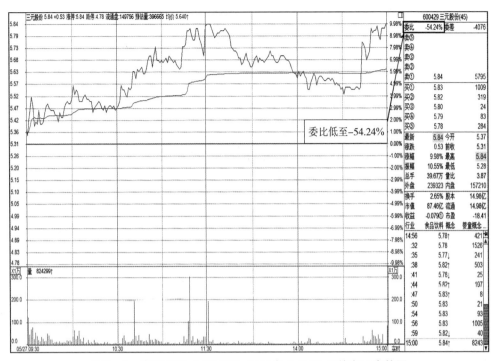

图 2-1 三元股份（600429）2020 年 5 月 27 日的盘口走势图

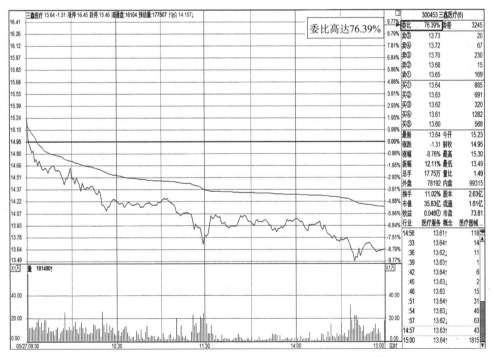

图 2-2 三鑫医疗（300453）2020 年 5 月 27 日盘口走势图

二、内外盘陷阱

（一）外盘

由于多方买货心切，不愿选择挂单，而是直接向上方卖盘扫货成交，在交易明细中显示为红色的"B"，计入外盘。从理论上讲，外盘越多，证明当日多方越强势。

（二）内盘

由于空方卖货心切，不愿选择挂单，而是直接向下方买盘甩货成交，在交易明细中显示为绿色的"S"，计入内盘。从理论上讲，内盘越多，证明当日空方越强势。

在实际交易中，因为行情软件的滞后性，导致"B"和"S"的划分是按时间顺序归纳的。也就是说，并不是所有的主动买入交易笔数都计入"B"，也并不是所有的主动卖出交易笔数都计入"S"。

如图 2-3 所示，2020 年 5 月 27 日，三鑫医疗（300453）在买一处 13.64 元挂单数量为 885 手，假设主力以此价格卖出 886 手，与此同时用另一账户反向主动买入 1 手，这笔交易将如何计算呢？由于这两笔交易是同时完成的，所以系统会归为 1 笔，就是"886B"，计入外盘，很有意思吧！实际上其中的 885 手都应计入内盘，这就是主力经常用来诱多的骗局，反之亦然。

所以，要想识别盘口陷阱，必须时刻紧盯盘口，通过密切留意挂单的增减变化来判断，因为内外盘的信息有时是不准确的。

三、波动陷阱

（一）尾盘拉升

这是主力比较常用的一种手法，在不同的阶段有不同的含义。比如，当股价在高位区域时，此时股价已高，投资者普遍具有畏高心理，此时跟风盘稀少，给主力出货造成了极大的困难。此时，主力为了刻意做高收盘价，往往会在临近收

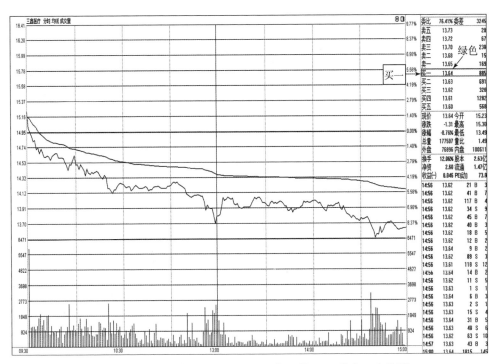

图 2-3　三鑫医疗（300453）2020 年 5 月 27 日的盘口走势图

盘半个小时之内利用几笔比较大的单子放量拉升股价。让短线选手误以为下一个
交易日股价会高开，选择跟进，然而次日股价却并没有如预期的那样高开，而是
低开低走，或者低开震荡。

（二）早盘拉高

早盘拉高是指主力开盘之后制造的快速拉升行为，做出强势特征。通常情况
下，出现这种拉升有三种可能：一是主力试盘；二是主力出货；三是冲高回落，
把图形做难看，从而使投资者退出。因此，如果出现这种情况，投资者就要结合
股价所处的位置综合分析，不可盲目追高。

（三）早盘打压

早盘打压是主力利用集合竞价把股价打压到低位开盘，之后继续打压；或者是跳高开盘，之后直接向下打压股价，以制造出恐慌的氛围。出现这种现象也有三种可能：一是主力试盘；二是主力洗盘；三是主力出货。所以在这种情况下，投资者没有必要遇见早盘打压就抛出筹码，最好根据股价所处的相对位置，经过理性思考之后再进行决策。

第二节　指标陷阱

随着技术指标"扫盲运动"的开展，现在无论是个人投资者，还是机构操盘手，甚至证券分析师，似乎都对技术指标很感兴趣。

技术指标往往是通过一些数学公式计算出来的结果，用到的样本数据大多为开盘价、最高价、最低价、收盘价、成交量（额）等市场交易原始数据，而设计这些公式的人在经过一番验证之后便告诉投资者，在什么时候可以买进或者卖出。

笔者认为：由于主力的介入，产生了该跌不跌或该涨不涨的现象，造成了虚假的成交价和成交量（额），这就意味着计算技术指标的样本可能是虚假的。这样，主力就可以让技术指标乖乖听话。

一、MACD 陷阱

（一）MACD 的算法

（1）DIFF：收盘价的 S 天平滑移动平均值减去 P 天平滑移动平均线（S＜P）。

（2）DEA：DIFF 的 M 天平滑移动平均值。

（3）MACD：2 倍的（DIFF－DEA）。

（4）参数通常取值为 12、26、9。

图 2－4 为宏达矿业（600532）2019 年 8 月 14 日至 2020 年 5 月 29 日的日 K 线走势界面图，图中下方的副图则是 MACD 指标。当指标参数设置为 12、26、9 时，2020 年 5 月 29 日当天，该股 DIFF 值为 0.496，DEA 值为 0.491，MACD 值为（DIFF－DEA）＊2＝（0.496－0.491）＊2＝0.005＊2＝0.010。

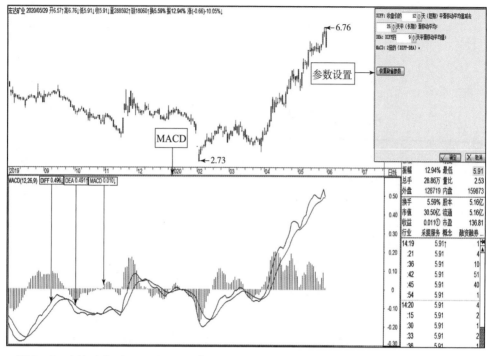

图2-4 宏达矿业（600532）2019年8月14日至2020年5月29日的日K线走势界面图

（二）陷阱解析

通过以上算法我们可以得出以下两点结论。

（1）MACD只和收盘价有关，里面的两根线，其实只是短周期和长周期的指数平滑移动平均值之差，以及再次进行移动平均。而所谓的金叉，所表示的意义只是短期的收盘价平均值开始大于长期的收盘价平均值的过程。

（2）通过操纵收盘价，就可以轻而易举地操纵MACD的形态和指标值。拿一个最常被提及的看多形态"海底金叉"来说，主力如果在下跌中继阶段想做出MACD海底金叉的图形来吸引散户买入，只需要在一段时间的下跌之后通过控制收盘价使12日的收盘价平均值小幅上升，就会出现海底金叉的现象；反之，如果想在上升中继阶段试图用MACD"空中死叉"的方式诱使散户出局，则只需进行相反操作即可。

（三）金叉陷阱

图 2－5 为宏达矿业（600532）2015 年 4 月至 2018 年 8 月的周 K 线界面图。从图中可以看到，在 2017 年 7 月 17 日这一周（12 元区域），MACD 指标实现了"海底金叉"，但这只是主力在诱多而已，之后便出现了惨烈的暴跌，由金叉时的 12 元左右最低跌至 2018 年 8 月的 3.17 元。

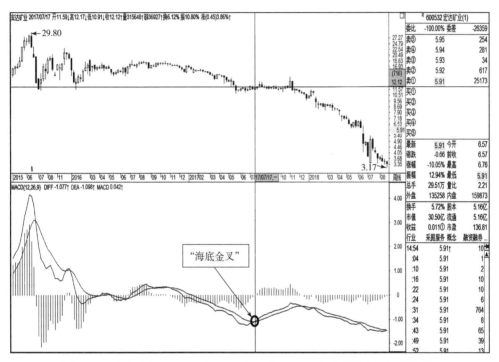

图 2－5　宏达矿业（600532）2015 年 4 月至 2018 年 8 月的周 K 线界面图

（四）死叉陷阱

图 2－6 为宏达矿业（600532）2013 年 7 月至 2015 年 6 月的周 K 线界面图。从图中可以看到，在 2014 年 12 月 22 日这一周（9 元区域），MACD 指标实现了"空中死叉"，但这只是主力在诱空而已，实际上死叉点即最低点，之后该股由死叉时的最低价 8.70 元最高涨至 2015 年 6 月的 29.80 元，累计涨幅达 242%。

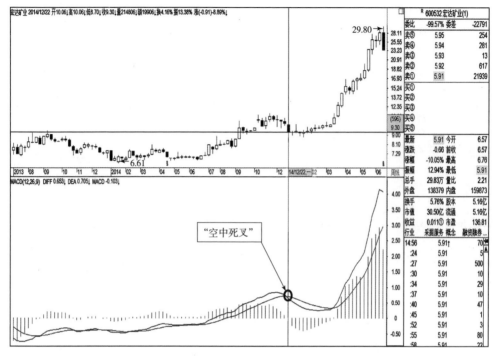

图 2-6 宏达矿业（600532）2013 年 7 月至 2015 年 6 月的周 K 线界面图

二、KDJ 陷阱

（一）KDJ 的算法

（1）$RSV = (CLOSE - LLV(LOW, N)) / (HHV(HIGH, N) - LLV(LOW, N)) * 100$。即 RSV =（收盘价 - N 日内最低价的最低值）/（N 日内最高价的最高值 - N 日内最低价的最低值）* 100。

（2）$K = SMA(RSV, M1, 1)$。即 K 线 = RSV 的 M1 日 [1 日权重] 移动平均；

（3）$D = SMA(K, M2, 1)$。即 D 线 = K 的 M2 日 [1 日权重] 移动平均；

（4）$J = 3 * K - 2 * D$。即 J 线 = 3 * K - 2 * D；

（5）参数 N、M1、M2 通常取值为 9、3、3。

图 2-7 为凯马 B（900953）2020 年 3 月 6 日至 2020 年 5 月 29 日的日 K 线界面图，图中下方的副图则是 KDJ 指标。当指标参数设置为 9、3、3 时，2020

年 5 月 29 日当天，该股 K 值为 60.368，D 值为 67.809，J 值为 45.487。

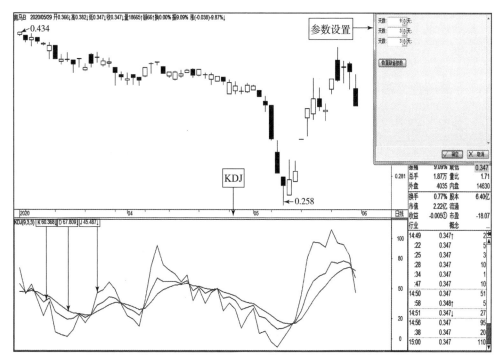

图 2-7　凯马 B（900953）2020 年 3 月 6 日至 2020 年 5 月 29 日的日 K 线界面图

（二）陷阱解析

通过以上算法我们可以看出：KDJ 只和价格有关，用到的只是收盘价以及最近 n 日内的最高价、最低价，也就是说，只要主力改变上述三种价格，KDJ 的数值和形态也是完全可以操纵的：

（1）只要收盘价为当日最低价，且为最近 n 日最低价（光脚阴线），则 RSV 必定为 0，连续够 m1 日（一般取 3 天），则 K 值必定为 0；

（2）只要收盘价为当日最高价，且为最近 n 日最高价（光头阳线），则 RSV 必定为 100，连续够 m1 日（一般取 3 天），则 K 值必定为 100；

（3）只要今天的收盘在 n 日最大涨幅的一半以上（不管今天是阴是阳），RSV 都会达到 50 以上，连续几日，则 K 值就会在 50 以上；

（4）只要今天的收盘大于昨天，且没有超出 n 日内的最高最低值，RSV 的值就会上升，相应地，K 值也会上升；

（5）只要今天的 RSV 值大于昨天的 K 值，K 线就会上涨，只要今天的 K 值大于昨天的 D 值，D 线就会上涨。

通过以上原理，主力就可以使用操纵价格的方法使 KDJ 达到任意想要的数值和形态。

（三）金叉陷阱

如图 2-8 所示，在山东高速（600350）2020 年 5 月的见顶回落形态中，出现了一个小幅上升的形态，对应的 KDJ 指标也形成了金叉形态，之后股价横盘一段时间后迅速放量向下跌破平台。如果投资者选择在金叉时跟进，则已将自己置于非常危险的境地。KDJ 金叉后，5 月 19 日最高见 6.11 元，至 5 月 29 日最低见 5.32 元，累计跌幅达 12%。

图 2-8　山东高速（600350）2020 年 2 月 4 日至 5 月 29 日的日 K 线界面图

（四）死叉陷阱

如图 2-9 所示，佛山照明（000541）在 2020 年 4 至 5 月的见底回升形态中，出现了一波小幅的回调走势，对应的 KDJ 指标形成了死叉形态，之后股价却迅速放量向上拉升。如果投资者看到指标死叉而将股票卖出的话，就会少赚很多利润。KDJ 死叉后，5 月 18 日最低见 4.61 元，至 5 月 29 日最高见 7.45 元，累计涨幅达 61%。

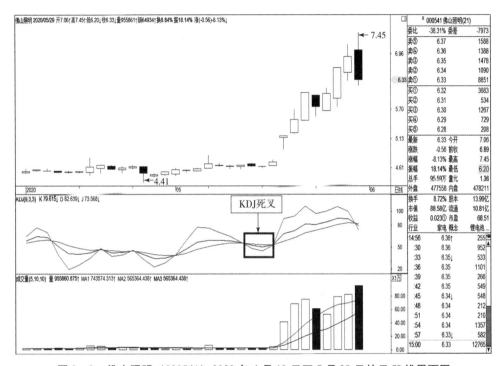

图 2 - 9　佛山照明（000541）2020 年 4 月 10 日至 5 月 29 日的日 K 线界面图

三、RSI 陷阱

（一）RSI 的算法

（1）LC 赋值：1 日前的收盘价。

（2）输出 RSI1：收盘价－LC 和 0 的较大值的 N1 日〔1 日权重〕移动平均/收盘价－LC 的绝对值的 N1 日〔1 日权重〕移动平均 ∗ 100。

（3）输出 RSI2：收盘价－LC 和 0 的较大值的 N2 日〔1 日权重〕移动平均/收盘价－LC 的绝对值的 N2 日〔1 日权重〕移动平均 ∗ 100。

（4）输出 RSI3：收盘价 – LC 和 0 的较大值的 N3 日［1 日权重］移动平均/收盘价 – LC 的绝对值的 N3 日［1 日权重］移动平均 * 100。

（5）参数：N1、N2、N3 通常设置为 6、12、24。

通常来说，0≤RSI≤100。RSI = 50 为强势市场与弱势市场的分界点。通常以 RSI >80 为超买区，意味着短线过热，股价可能回落，为卖出信号；RSI < 20 为超卖区，意味着短线超跌，股价可能反弹，为买入信号。

图 2 – 10 为凯马 B（900953）2020 年 3 月 6 日至 5 月 29 日的日 K 线界面图，图下方的副图则是 RSI 指标。当指标参数设置为 6、12、24 时，2020 年 5 月 29 日当天，该股 RSI1 值为 44.30，RSI2 值为 47.650，RSI3 值为 45.856。

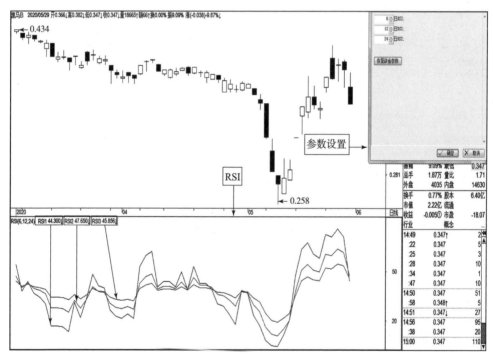

图 2 – 10　凯马 B（900953）2020 年 3 月 6 日至 5 月 29 日的日 K 线界面图

（二）陷阱解析

通过以上公式可以看出，RSI 指标仅仅涉及 n 日内的收盘价。

（1）说白了，RSI 就是 n 日内收盘价上涨幅度总和除以上涨下跌幅度总和，乘以 100；

（2）由于 n 日 RSI 指标仅仅涉及 n+1 天的收盘价，因此，只要让股价连续上升或下跌 n 天，就能使 RSI 指标无限接近 100 或 0；

（3）只要股价连续 n 日上涨，那 RSI 值就会无限接近 100，不管是涨了 1 块钱还是 1 分钱，结果是一样的；如果在股价大幅上升之后，只要每天使收盘价下跌，哪怕只跌 1 分钱，也能够使 RSI 指标快速调整到超卖位置，这很容易造成一部分投资者误认为股价已经调整到位的假象，而事实却是价格并没怎么降，主力正好可以借此机会在一个好价钱上出掉手中的筹码。

（三）超买陷阱

图 2-11 为宏达矿业（600532）2020 年 2 月 21 日至 5 月 28 日的日 K 线界面图。从图中可以看到，该股 2020 年以来有三波大级别的上涨，第一波 RSI1 最高达到 87，第二波 RSI1 最高达到 89，第二波 RSI1 最高达 90，很惊心动魄的超买信号，这就是高位钝化的具体表现。一般 RSI 超过 80，投资者都会小心翼翼，在前两波股价震荡或者开阴线之时，身处其中的你会不会选择出逃呢？

图 2-11　宏达矿业（600532）2020 年 2 月 21 日至 5 月 28 日的日 K 线界面图

哪个投资者没有骑上过几匹大黑马或者超级大黑马？令人遗憾的是，有几个人能够骑到最后呢？大多数投资者都会在中途主动下马或者被震下马背。原因很简单，就是他们太过注重技术指标，指标发出卖出信号时，就会选择撤退，因此也就和财富的指数级增长失之交臂了。

（四）超卖陷阱

如图 2－12 所示，2020 年以来，凯马 B（900953）一路下跌，并且价格低到不足 1 美元，相信抄底的人会有不少吧，尤其是当看到 RSI 低于 20 进入超卖区时，很有可能会忍不住下手。实际情况是，0.5 美元下来照样可以套人，直到 2020 年 5 月 13 日跌到 0.258 美元那天，其 RSI1 值低到 4.49 后，股价才有了一波像样的反弹。

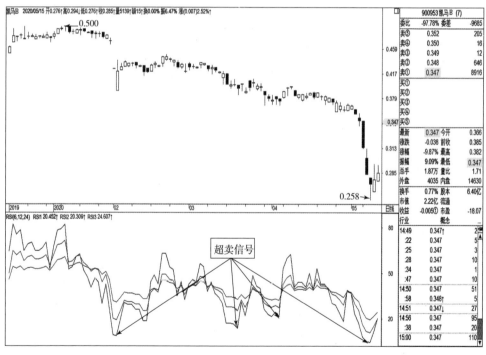

图 2－12　凯马 B（900953）2019 年 12 月 13 日至 2020 年 5 月 15 日的日 K 线界面图

小结：以上就是对常用技术指标骗线行为的简单分析，针对技术指标骗线而言，它告诉我们，技术指标仅能当作参考。技术指标其实很简单，并没有人们想象中的那么高大上，涉及的要素很少，甚至上文介绍的三个最经典的技术指标也均未涉及成交量的因素，就是说同样的上涨和下跌幅度，换手 50% 和 1% 造成的指标值是相同的，这样的指标显然不能被我们认同。因为只涉及价格因素，是很容易被操纵的。所以，投资者不可盲目依赖技术指标，做出草率的决策。

第三节 图形陷阱

一、图形骗线

主力资金利用投资者对图表形态过于迷信的心理，通过故意抬拉、打压某只个股的价格，致使图表形态走出某种特定形态，诱使投资者大量买进或卖出股票，以达到吸纳廉价筹码、清洗浮动筹码或者顺利出货的目的。这种经过刻意操纵的、具有相当欺骗性的骗线形式就被称为"图形骗线"。由于 K 线应用的时间长、影响范围广，在图形骗线中，主力资金便会经常利用 K 线制造出大量骗线形态，诱使投资者做出错误判断。

二、骗线形态

（一）锤子线骗线

图形理论普遍认为"锤子线"表示下方支撑比较强，是后市看涨的信号。但在很多时候，主力会通过盘中刻意打压股价然后再快速拉起的方式，做出日线图的锤子线，诱使散户买入，通常之后股价仍将继续下跌。图 2－13 为佛山照明（000541）2019 年 11 月 20 日至 2020 年 5 月 29 日的日 K 线界面图。从图中可以看到，位置 A 的 K 线虽然收出了阳锤子线，但股价并没有获得支撑，而是继续下跌，位置 A 的锤子线就是一个典型的锤子线骗线形态。而位置 B 的阴锤子线则形成了真正的支撑。

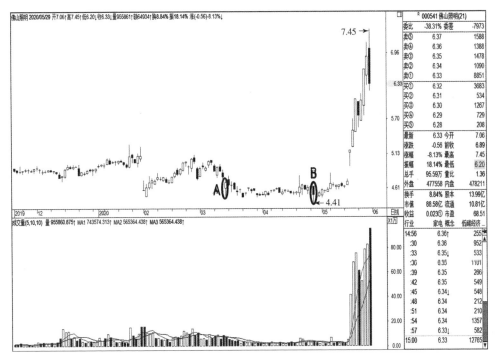

图 2-13　佛山照明（000541）2019 年 11 月 20 日至 2020 年 5 月 29 日的日 K 线界面图

（二）多方炮骗线

图 2-14 为创元科技（000551）2017 年 6 月 19 日至 2018 年 10 月 15 日的周 K 线界面图。从图中可以看到，该股在 2018 年 5 月上旬走出了一个典型的"多方炮"看涨形态。该股股价从 2017 年 6 月以来，一直受 30 周均线的压制，处于明显的下降通道，在经历 2018 年 1 月的短期暴跌后，由于短线乖离率过大，从 2 月开始反弹，到出现"多方炮"形态为止，可以说已经反弹了 3 个多月，而且极度接近 30 周均线的压力位。显然，此处形成反弹头部的可能性极大，据此可判定该"多方炮"形态大概率为骗线，应坚决离场。之后该股股价果然再次下跌。所以，在反弹头部中出现的"多方炮"形态是不应该进行买入的，因为在这个形态之后，主力的真正意图将会暴露无遗，"多方炮"后紧接着的大阴线就是投资者最后的出逃机会。

图 2−14　创元科技（000551）2017 年 6 月 19 日至 2018 年 10 月 15 日的周 K 线界面图

（三）十字星骗线

"十字星"形态有反转和中继的意义。但是"十字星"形态也经常是主力诱骗散户的一大"法宝"。股价在上涨初期或中程，经常会出现一些上涨中继的"十字星"，身处其中的投资者很容易误以为行情已经结束。然而，在初升段，特别是快速上涨阶段出现的"十字星"，尤其是跳空上涨的"十字星"，通常代表该处是行情的加速点而非结束点。图 2−15 为诚邦股份（603316）2020 年 2 月 20 日至 4 月 1 日的日 K 线界面图。从图中可以看到，在整个上升波段当中，几乎所有的"十字星"都是行情的加速点，而非结束点。只有最后一次出现的"十字星"，才是行情的真正转折点。

（四）假突破

跟踪并操作了一些个股后，投资者会发现一个问题：不管是三角形突破还是箱体突破，其实大多数的突破皆为假突破，真正突破后气势如虹的个股比例其实

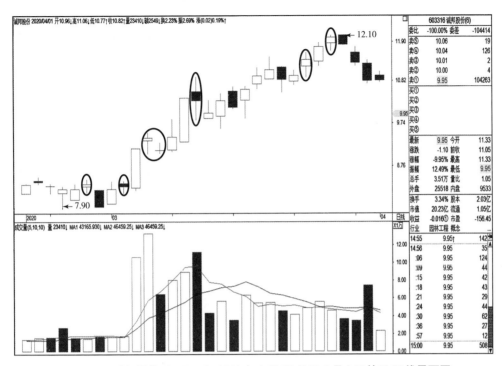

图 2 - 15　诚邦股份（603316）2020 年 2 月 20 日至 4 月 1 日的日 K 线界面图

不到十分之一。图 2 - 16 为诚邦股份（603316）2019 年 1 月 8 日至 11 月 12 日的日 K 线界面图。从图中可以看到，该年度 8 月末，该股股价刚刚突破前高没几天就再次跌回了原有运行区间。如果贸然在突破处跟进的话，风险之大，不言而喻。

笔者统计发现，在所有的突破当中，90% 以上都是假突破，被套牢或割肉离场是大多数普通投资者的命运。大多数普通投资者都喜欢追击三角形突破或箱体突破，因为股价一旦真正突破，利润不可想象。但专业的投资者却喜欢在这个位置卖出，然后在下轨附近买入。普通投资者突破买入，预期利润虽高，但风险极大；专业投资者下轨买入，预期利润虽低，但安全性高。实际上，这就是普通投资者和专业投资者的本质区别：普通投资者希望来钱快，幻想着"一夜暴富"，风险被放在了次要位置；而专业投资者则是克服了贪婪这一人性弱点的投资者，一次次在高位把筹码倒给了急功近利的普通投资者。请记住——财不入急门。

在实际走势当中还有很多 K 线形态，主力都可以做出骗线。例如：在上影线、穿头破脚、红（黑）三兵甚至早晨之星、黄昏之星等各种形态上做手脚。

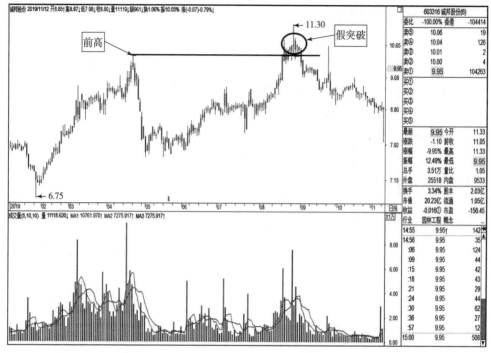

图 2-16 诚邦股份 (603316) 2019 年 1 月 8 日至 11 月 12 日的日 K 线界面图

主力精心绘制的这些骗线，给不少按照图形理论操作的普通投资者带来了很大的麻烦，要么丢失筹码悔不当初，要么割肉出局损失惨重。

三、规避骗线

很多按照图形理论操作的投资者因为屡屡亏损，便得出"图表形态无用论"的论调，这显然是以偏概全的。存在即真理，图表形态理论能够流传至今，当然有它存在的道理，而我们学习图表形态绝对不能仅仅局限于记住几个形态的名称，或者只记得几个形态长什么样子，而一定要结合趋势、位置和量能进行综合分析。

（一）趋势

规避图形骗线的第一步，也是最重要的一步，就是一定要看清该股的中长期运行趋势。若股价处在中长期的上升趋势之中，当图表形态呈现出短线卖出信号时，则应当谨慎卖出；相反，若股价处在中长期的下跌趋势之中，当图表形态呈现出短线买入信号时，则应当谨慎买入。

图 2－17 为宏达矿业（600532）2019 年 3 月 12 日至 2020 年 2 月 14 日的日 K 线界面图。从图中可以看到，该股股价从 2019 年 4 月 8 日的最高价 7.31 元开始下跌以来，二次反弹的高点低于前期高点，此时便可以用这两点的连线画出一条下降趋势线，意味着该股股价彻底进入高点逐级走低的下降趋势之中。通过测量得出，两个高点之间的时间相隔近三个月，时间跨度达一个季度之久，据此可以推断该股后期将进入一个中长期的下跌趋势，此后如果图表形态发出买入信号，投资者则应谨慎对待。

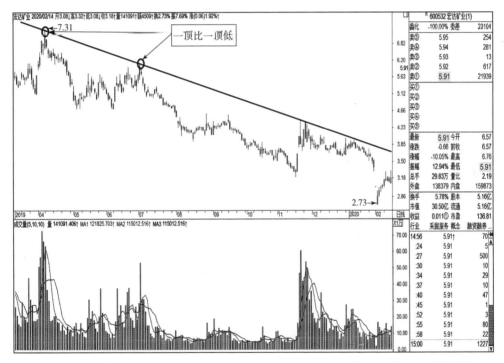

图 2－17　宏达矿业（600532）2019 年 3 月 12 日至 2020 年 2 月 14 日的日 K 线界面图

（二）位置

1. 绝对位置——高低点之间的涨跌幅度

主力制造骗线的最终目的是什么？前文实际上已经提到过，归纳起来目的有三：一是吸纳廉价筹码；二是清洗浮动筹码；三是顺利完成出货。基于此，图表形态出现的特定位置就成为检验其真伪的一种简便方法。

（1）大幅下跌后①出现的看跌图表形态很可能是骗线。

图2–18为鼎信通讯（603421）2018年6月14日至11月21日的日K线界面图。从图中可以看到，10月22日至25日（图中方框处），连续四天构造出小型"看跌岛状反转"形态。按照形态理论，该K线组合为标准的看跌形态。但应该注意的是，此形态出现于最低价13.62元附近，距离前期最高价22.85元已经下跌了40%以上，说明该股股价所处的位置已经足够低，既然形态出现之前一路下跌，股价已经跌到了跌无可跌的地步，现在又何谈"反转"呢？如果严格按照图形理论卖出股票，将留下无限的悔恨。

图2–18 鼎信通讯（603421）2018年6月14日至11月21日的日K线界面图

（2）小幅下跌后②出现的看涨图表形态很可能是骗线。

---

① 通常认为应大于40%。

② 通常认为应小于40%。

图 2-19 为中小责任（399651）2019 年 12 月 30 日至 2020 年 3 月 24 日的日 K 线界面图。从图中可以看到，圆圈处出现一个"看涨吞没"形态，该图表形态最低价位 1749.46 元，而前期高点是 1952.39 元，形态最低点距离前期高点仅仅下跌了 10%，下跌并不充分，此位置发出"看涨吞没"的买入信号就值得我们怀疑。

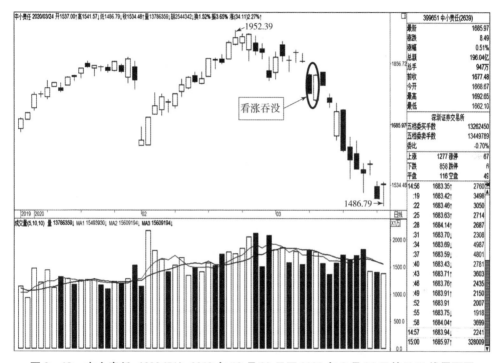

图 2-19　中小责任（399651）2019 年 12 月 30 日至 2020 年 3 月 24 日的日 K 线界面图

（3）大幅上涨后①出现的看涨图表形态很可能是骗线。

图 2-20 为西部黄金（601069）2017 年 11 月 13 日至 2018 年 5 月 28 日的日 K 线界面图。从图中可以看到，该股股价在 25.96 元的天顶位置连续出现两个"看涨吞没"形态。此时出现的两个"看涨吞没"形态皆在连续暴涨的高位，累计升幅巨大，骗线的可能性极大，投资者需谨慎对待。

（4）小幅上涨后②出现的看跌图表形态很可能是骗线。

图 2-21 为南威软件（603636）2019 年 7 月 30 日至 9 月 30 日的日 K 线界面图。从图中可以看到，圆圈处的"乌云盖顶"形态没有造成下跌的主要原因就

---

① 通常认为应大于 40%。

② 通常认为应小于 40%。

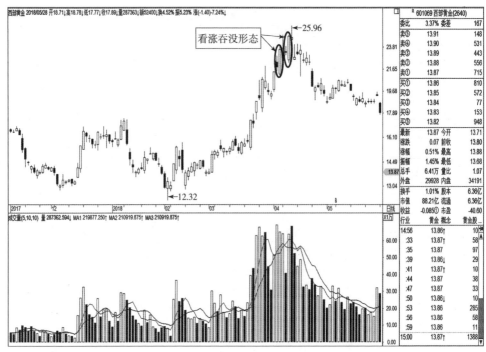

图 2-20　西部黄金（601069）2017 年 11 月 13 日至 2018 年 5 月 28 日的日 K 线界面图

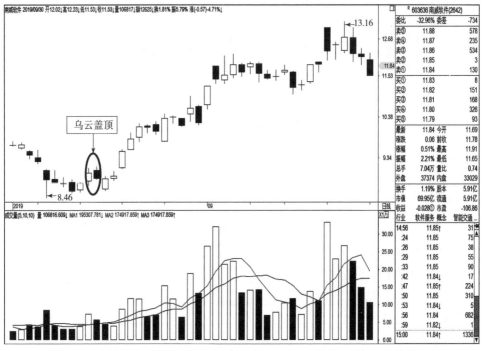

图 2-21　南威软件（603636）2019 年 7 月 30 日至 9 月 30 日的日 K 线界面图

是股价所处的位置。该形态最高价为 9.17 元，距离最低点 8.46 元的涨幅仅有
8%。这么小的利润空间，主力是无论如何也出不了货的，说明只是主力借机洗
盘罢了。

2. 相对位置——低点有无创出新低或者高点有无创出新高

这个判定标准是指在低位出现的看涨图表形态中，最低价不应当创出前期平
台或者水平支撑位的新低；相反，在高位出现的看跌图表形态中，若最高价创出
了新高，后市看跌的理由就不充分。

图 2－22 为长安汽车（000625）2019 年 8 月 26 日至 12 月 13 日的日 K 线界
面图。从图中可以看到，位置 A 收出一根创新低的"锤子线"，股价看涨，但股
价并未如期上涨，虽算不上骗线，但看涨作用不强；紧随其后，位置 B 出现了一
组看涨的"早晨之星"形态，其形态最低点并未创出新低，之后股价出现更大
幅度的攀升。不难发现，A、B 两处虽同属看涨形态，但创新低的看涨形态骗线
的概率更高。

图 2－22　长安汽车（000625）2019 年 8 月 26 日至 12 月 13 日的日 K 线界面图

（三）量能

量能是检验图表形态真实与否的重要辅助性因素。通常认为，上升形态都需要有量能的配合，而下跌形态则无需量能来检验。

从图 2-22 中可以看到，在位置 A 的锤子线形态中，次日阳线成交量小于首日锤子线的成交量，显示向上做多动能不足，"骗线"的概率大；在位置 B 的早晨之星形态中，形态完成日（第三日）放量拉升，上涨动能强劲，加之未创新低，该形态几无"骗线"之可能。

最后，我们还要认清一个问题，那就是主力能够做出 1 天、2 天、5 天乃至 10 天的骗线，但是它能够操纵整个波段吗？能够操纵月线和年线吗？当然不能！长周期的运行取决于个股的价值规律以及价格运动规律，正如股市技术分析鼻祖查尔斯·道所言："唯有短线可以被人为操纵！"

第三章
短线操盘

本章摘要：本章从"理论""量化"及"心理"层面全方位介绍操盘要点，着重讲述笔者独创的操盘理论——循环理论。该理论将起到统领本书短线实战的作用，在全书中占据核心地位，读者牢固掌握循环理论，将为学习后续章节中的实战技巧奠定坚实的理论基础。

第一节　循环理论

以 30 日均线为标准，一次完整的股票市场循环运动必然包含图中框定的四个阶段，即下跌阶段、筑底阶段、上升阶段以及筑顶阶段，没有任何一只股票能够例外。30 日均线是机构主力操盘战术动作展开的生命线，操盘手务必高度重视其中隐藏的短线机会，一定要把 30 日均线对股价循环的重要性铭刻在脑海中。[①] 如图 3-1 所示。

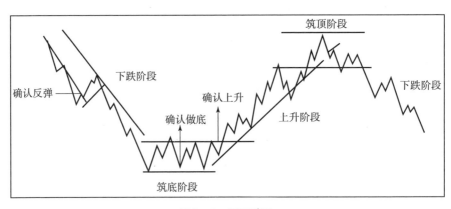

图 3-1　循环理论

一、阶段要点

（一）下跌阶段

（1）一旦股票的 30 日均线拐头向下，说明主力的出货动作已经肆无忌惮地

---

①　对"均线"的详细论述，见拙作《炒股实战技法》，北京：中国宇航出版社。

正式展开。该股票长期战略性下跌将成为未来相当长一段时期内的主旋律。任何对该股票仍将上涨的幻想都将给短线操盘手带来致命的套牢灾难，这将会严重打击操盘手的操盘心态。

（2）30日均线朝下，说明股价正在走下降通道，处于下跌阶段的股票绝对不能买进。就算是再有名的"投资专家"推荐你买进下跌阶段的股票，也绝对不能买，因为他这是在谋财害命！应该坚决把这样的人当作敌人。当然，推荐这样的股票，也说明这样的人徒有虚名，他对股票市场的认识还没有真正入门。据此，我们也可以非常容易地判定一个分析师的优劣。这也是笔者多年血泪凝聚成的教训，请时刻铭记！不能因为偶然的一次赚钱就认为是绝对的真理。

（3）身处下跌阶段的股票偶有反弹，也是主力为了出货而故意制造市场跟风买入的假象。试图在下跌阶段中抢反弹来弥补损失，是一种非常危险的赌徒心态。在上升阶段中那么容易赚钱的机会都把握不住，操作难度极大、机会又极少的下跌阶段，就更难赚到钱。请牢牢记住：绝对不要在下跌阶段中抢反弹！技艺高超的投资者，可以以少量资金（1%）快进快出超短操作。如果不幸被套牢也必须坚决在第一时间止损，这是专业操盘手的必备素质。绝对不能对该股票抱有一丝一毫上涨的幻想，做出继续持有或逢低买进的错误决策，这严重违背职业操盘手的钢铁纪律，日后必将付出极大代价。

与此同时，经常抢反弹也会养成不注重操盘质量的恶习，这将使你永远不能晋升成为高段位的职业操盘手。股票下跌阶段的反弹具有偶然性和随机性，职业操盘手追求的是一种上涨阶段赚钱的必然性。这是区别职业操盘手和业余操盘手的标准之一。不要因为某些业余操盘手在下跌阶段的偶然赚钱而羡慕嫉妒恨，那不过是一种凭运气的赌博，绝不是一种赚钱的真本领。在操作股票赚钱的同时，我们一定要提高自己的思想境界，只有具备较高的思想境界，才能助我们走向投资巅峰！

（二）筑底阶段

一只股票在经过相当长时间的下跌以后，做空动能得到了有效释放。此时，这只股票就初步具备了进入上升阶段的基本条件。经过长期下跌后的股票，它的30日均线一旦横向走平，就要引起短线操盘手的高度重视。这说明了如下几个多空逻辑。

（1）30天以前买进该股票的投资者已经处于解套状态，已经基本从亏损套牢的泥淖中被解放出来,处于即将盈利或者已经盈利的状态。5 日、10 日与 30 日均线横向黏合,说明中短线投资者的成本趋于一致。市场中已基本没有了套牢盘,促使广大投资者卖出股票的恐惧心理已不复存在,也就意味着下跌动能在此时基本消失了。

(2)从流通筹码的角度看,此时浮动筹码业已基本消失。所有的获利盘、套牢盘、割肉斩仓盘也已基本顺利出局。此时多空力量达到相对平衡。伴随而来的市场特征就是成交量的极度萎缩,地量地价往往在此过程中产生。

(3)在这样一种相对平稳的市场背景下,主力可以有计划、分步骤地进行战略性建仓。也正是因为主力有计划的战略性建仓行为,又增强了此时市场的相对平衡,表现为 5 日、10 日、30 日均线黏合走平的市场特征。主力有计划地买进,造成股价既不会破位大跌,也不会大幅向上突破。因此,此时的行情表现为均线系统黏合的横盘盘整走势特征,这一特征会一直持续到主力建仓任务的基本完成。

(4)判定筑底阶段的完成,必须具有这样一种明确的图表信号:走平的 30 日均线逐渐变为向上翘起,同时放巨量(5 日均量的 3 倍以上,量越大越好)坚决扫盘,以扫荡一切的气势一网打尽所有的浮动筹码,并以中大阳线向上突破。主力在此处敢于解放 30 天内套牢的投资者并让他们获利出局,充分说明主力志在高远。未来的大黑马或将从这里诞生。这就是通常所说的"低买高卖"的"低"。这时,该股票已经准备好了发动行情的基本条件。

(5)从技术指标的层面上来说,则对应着周 KDJ 指标的低位向上金叉。此时,"坚决买进"成为该阶段短线操盘的主旋律。

(三)上升阶段

(1)主力敢于解放套牢 30 日的广大投资者,放巨量向上突破,让他们获利,说明主力正在采取有计划有预谋的战略行为,其目标志向绝不低。上升阶段初期(30 日均线刚刚拐头向上,周 KDJ 指标低位刚金叉),要坚决地、果断地、大胆地、毫不犹豫地跟进,以便享受坐轿的乐趣。

(2)只要该股 30 日均线的方向持续不断地朝上,就说明股价还处在中线拉升过程中,这是主力为方便今后出局,打开出货空间的战略拉升期。在这一阶段,可以放心大胆地持有,不要被主力短线洗盘的诱骗行为所迷惑。请牢牢记住:只要 30 日均线还没有走平,该股的中期走势就是健康和安全的,此时主力的出货计划就没有展开。在这一阶段中，短线上绝对不要惧怕主力的凶狠洗盘花招。"顺风搭车"成为该阶段操盘的主旋律。

（四）筑顶阶段

（1）股价经过长时间的上涨后，一旦目标个股的 30 日均线开始逐渐走平，说明该股的向上攻击动能开始逐渐丧失，主力已经开始布局出货。其间偶有拉高，也是主力制造假突破的诱多骗局。处于这一阶段的股票绝对不能买进。在该阶段，唯一要做的就是考虑如何出货，而绝对没有其他的选择。这就是通常所说的"低买高卖"的"高"。

（2）30 日均线持续走平时，如果偶有价涨量增的良性上涨，但却不能再次带动 30 日均线的同步上升，十有八九说明此种放量上扬是一种主力诱多，是主力有意制造的假突破。主力更大规模的出货行动，即将全面而彻底地展开。此时，应该根据短期 5 日均线的卖出信号坚决出局，不再卷入主力故意搅乱的浑水之中。

（3）从技术指标层面上来说，对应着周 KDJ 指标的高位横盘或死叉。"坚决卖出"成为该阶段操盘的主旋律，绝对不能因为偶然的上涨而再次落入主力制造的圈套。

二、要点总结

拿到一张股票的 K 线界面图后，首先要判断该股处于涨跌循环的哪一阶段。只要处于下跌或者筑顶阶段，这只股票就绝对没有产生大行情的内部条件，就绝对不是展开短线操作的目标对象。因为身处此二阶段的股票，都是处于主力的战略出货阶段，股价下跌是战略出货阶段的主旋律。其间偶有反弹也是主力为了更好地出货，这种反弹不抢也罢。如今整个市场 4000 多只股票，处于上升阶段的股票那么多，为什么非要去抢处于下降和筑顶阶段的股票呢？除非整个市场中再也找不到 30 日均线朝上，处于上升阶段的股票，此时才可以考虑用少量资金（1%）快进快出，短线参与相对强势的股票。

利空不利空，利多不利多。当掌握了循环理论这一操盘法宝之后，就可以通过快速浏览所有股票的 K 线图表，对每一只股票所处的循环阶段进行精确地判定。如果市场中绝大多数股票都处于上升阶段，那么大盘绝对看涨，没有任何力量能够根本性地改变大盘的运动方向，这就是市场自身的规律。因为大盘是由一只只个股组成的，绝大部分股票都朝上攻击，大盘还会下跌吗？此时不论是否利空四起、乌云漫天，都不要自己吓自己，只要安静地等待获利即可，不必为市场一时的涨跌而心神不宁，因为此时"上涨"是一种必然；如果市场中绝大多数股票都处于下跌阶段，那么大盘绝对看跌，不论此时是否利好频传，买气旺盛，因为此时"下跌"成为一种宿命。

行文至此，已经完整讲解了循环理论。有理由相信，这将助力投资者的操盘能力出现一个质的飞跃。您现在要做的就是像鳄鱼一样一动不动地等待着猎物的出现，等待最佳时机的出现，然后出其不意，以最快的速度捉住"猎物"。

第二节　看长做短

在业内，笔者算得上一位资深的操盘手。图 3 - 2 是我的操盘桌。我从 2008 年开始进入股票市场，到现在已涉足股票、期货、外汇、基金等多个市场。近 15 年的操盘经验使我坚信，必须找到符合自己交易风格且适合自己风险状况的操盘系统。如果将其与自己的毅力和决心相结合，那么将有很大的成功机会。

图 3 - 2　我的操盘桌

很多短线操盘手亏损的原因之一，是不善于利用长期趋势、较大时间框架图表，比如周线图。这一节介绍了周线图可以给我们的短线交易带来的好处。

一、为何用周线图

"看大势者赚大钱。"短线操盘手不缺交易技巧，缺的是对长期趋势的关注，以及趋势会往哪个方向变化的判断。唯有先判断对大势，才能在短线操盘的时候，知道是顺势交易，还是在盘整行情内进行反向交易。笔者强烈建议短线操盘手要先看大势后操盘。

周线图很适合判断长期的价格变动，同时也可以叠加一个较短的时间周期图表，比如日线图或分钟图，来微调你的入场和出场点，让交易的时机更加准确，以便让自己尽可能盈利。

二、如何用周线图

使用周线图的原因是它非常适合寻找趋势，如果历史数据显示价格比此前数个月都要高，那么价格很可能还会继续上涨，反之，则价格会容易下跌。

简单根据这一点便可以判断大势，即计算过去 13～26 周的价格情况。若价格比过去更高，则当前可能处于长期涨势；若价格比过去更低，则当前可能处于长期跌势；若两种情况混杂，则说明趋势不明朗。

图 3－3 为五洋停车（300420）的周 K 线图。从图中可以看到，虽然该股近期的价格高于过去 13 周的价格，但仍旧明显低于过去 26 周的价格。因此，这里没有明确的长期趋势，短线操盘手应该在支撑阻力位附近寻找价格反转的交易机会。

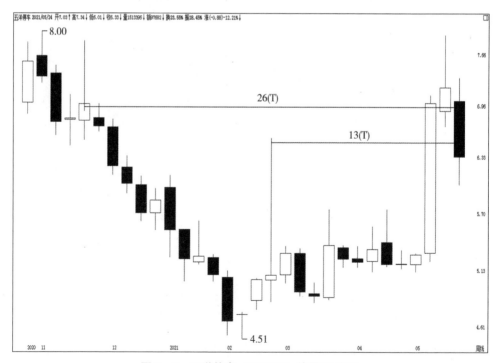

图 3－3　五洋停车（300420）的周 K 线图

如图 3 - 4 所示，康得退（002450）近期的价格低于过去 13 周的价格，同时也低于过去 26 周的价格，因此这里是明确的下跌趋势，短线选手应该远离这类股，当然，如果这类股能融券放空的话就再好不过了。

图 3 - 4　康得退（002450）2018 年 5 月至 2021 年 5 月的周 K 线图

三、周期叠加

虽然周线图能带给我们一些交易优势，但是仅仅用一个周 K 线图交易并不是个好主意。实际上，不管你用哪种图表，只依赖一种图表交易通常结果都不好。这不是空穴来风，是有原因的。

（1）周线图的时间周期长，变化缓慢。你可以轻松用 5 分钟图这类短时间图表去找到入场点，但是用周线图寻找入场点通常会遇到很多问题。

（2）风险较高。对于短线选手来说，持仓时间越长，风险就会越大。部分股票只可做短不可做长。当然不是所有股票都这样，这需要根据自己持股的质地而定。

（3）短线操盘手通常会将长期图表和短期图表相结合。他们通常有 3 种图表在屏幕上，便于把握市场大方向，同时又能更准确地寻找到入场点。

四、操盘策略

上文提到，周线图结合其他一到两种图表一起使用更利于我们的交易。对此种方式，笔者有一些不错的交易策略可供参考，这些都是在过去 15 年来历经无数次测试、抽样交易数千次后，依然被证明有效的策略。

（一）趋势突破

若本周收盘在过去 26 周（6 个月）最高或最低价附近，那么下一周有 51.1% 的机会价格会在突破的一侧收盘。下一周收盘反转的可能性平均只有 0.04%；如果交易的是远端次新股，那么下一周在突破一侧收盘的可能性提高到 53.94%，下一周价格反转的可能性平均只有 0.02%；从图 3 - 4 中可以看到，价格达到 26 周的最低价收盘，这之前价格没有一个收盘低于这个价位的。然后下一周，我们可以寻找融券做空机会，可以利用日线图或者 60 分钟图去找到更为精确的入场点。[①]

（二）低买高卖

该策略依赖市场的均值回归。这类交易也只需要等待市场回到均值。如果本周收盘价在过去 13～26 周的上方或者下方，但是本周价格从开盘到收盘的方向是逆势变化，那么 51.71% 的可能性是下周价格会相反，价格会进一步在远离该趋势的方向收盘，下周平均只有 0.09% 的可能性会顺势收盘；如果是远端次新股，那么可能性进一步增加，交易突破的盈利率增加。从图 3 - 3 中可以看到，最新的周线在开盘价下方收盘，但是该收盘价高于此前 13 周的收盘价。这里就存在低买的机会（和高卖类似）。下周可以尝试在日线图或者 60 分钟图去找到更为精确的入场点。

---

① 当然，并不是所有的股票都可以融券交易。

（三）趋势低买

一只股票一周收盘时价格要么在 13～26 周的上方，要么在下方，如果本周的波幅大于 2%，那么下周有 55.45% 的可能性反转，进一步在远离该趋势的方向收盘，下周只有 0.41% 的可能性会顺势收盘。这也是历史数据证明的表现最好的交易策略。这种策略并不经常产生交易机会，毕竟这种情况并不多见，发生的概率在抽样的例子中仅占 3%；但是这种策略非常强势，因为它不仅依据市场趋势和均值回归，而且也依据波动性本身。如图 3－5 所示，在北汽蓝谷的例子中，最新一周的收盘价低于开盘价，开盘到收盘的价格波动大于 2%，同时该收盘价高于过去 13～26 周的收盘价，因此存在买低机会，是强入场信号。

图 3－5　北汽蓝谷（600733）2020 年 9 月至 2021 年 5 月的周 K 线图

图 3－6 为笔者用 160 只股票对该策略进行回溯测试的曲线（2010—2020）。

（四）波动均值回归

（1）这个策略和上面的策略几乎一样，只是没有涉及趋势因素。

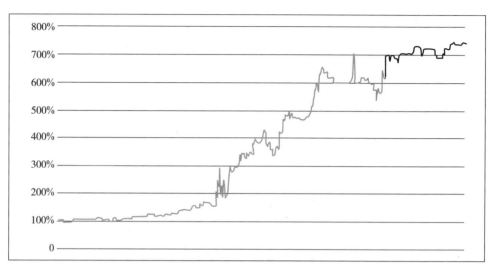

图 3-6　回测曲线

（2）要寻找的就是从开盘到收盘的价格波动大于 2% 的个股。然后在相反的方向入场（买多卖空），在下周 K 线图收盘时卖出，不管趋势如何。

结语：操盘手使用周 K 线图可以更好地识别市场是趋势市还是震荡市，按照这个大方向，到更小时间周期中锁定精准的入场和出场点，比如用日线图或分钟图，这是最理想的。

在股票交易中，利用过去 3～6 个月（13～26 周）的价格变化来识别的趋势是最准确的。当操盘手仅用周线图进行交易时，最好不要用杠杆。更为神奇的是，这种策略在过去 15 年 160 只股票交易抽样中，最大回撤率只有 38%，恰好符合黄金分割率。

第三节　操盘心经

近年来，短线操作越来越受到广大投资者的喜爱，这是因为短线操作周期短、见利快，具有高度的灵活性和收益性。但是，并不是每个采取短线操作的投资者都能获利，这是因为股票市场的风险是不可避免的，并不是每个短线投资者都真正了解短线操作的精髓。本节所要重点讲述的内容就是详细阐述短线操作的理念、原则和思路。

一、操盘理念

虽然人人都知道操作短线就是为了"赚快钱"，但如果你总以盈利为中心去衡量短线行为，往往达不到好的效果：股谚有云："为了赚钱却不一定能赚钱。"进行短线操作之前，投资者必须树立正确的操盘理念，才能在变幻莫测的股市中立于不败之地。短线，注重的是短时间内的快速获利，因此相应具有较大的风险性。

（一）何为短线

凡是日线级别及其以下级别的技术系统，都可以归为短期技术系统，也就是我们常说的短线系统。凡是按照短期技术系统进行的股价研判或买卖操作，都可归类为短线操作，比如日线、60 分钟、30 分钟、10 分钟、5 分钟、1 分钟直至即时图表（盘口）。

（二）看长做短

从研判分析的角度上，短线追求"看长做短"，讲究"由远及近"，从大局上把握买卖的安全度及股价运行之大势，然后才进行买卖操作。不能说做短线就是只从微观层面着眼。短线是追求在操作层面上的精细化、规范化、专业化和科学化，而非鼠目寸光，只看眼前。①

（三）追求确定

短线选手不参与不确定的股价运动，因为不确定性就代表着风险，短线操作不做不确定的事情。不管是弱势调整还是强势调整，不管是价格调整还是时间调整，短线选手均不参与。

二、操盘原则

A股市场较于国外相对成熟的股票市场来说，中短线机会更多，运用适当的技术和方法，短线快速套利的概率及空间都很大。正因为如此，A股市场吸引了越来越多的短线投资者。然而收益与风险总是成正比的，快速的高收益必然伴随着快速的高风险。因此，短线具有高风险的特征，在短线操作中，必须要有明确的操作原则，制定铁的纪律，并用鲜血捍卫！只有这样，才能尽量减少短线操作中的风险，获取刀口舔血般的收益。以下就是短线操作时必须要坚守的几条重要原则。

（一）重势不重价

短线操作必须密切关注趋势，包括大盘趋势和个股趋势，而没有必要过分注重股票的价格。也就是说，即便已经涨得很高的股票，如果趋势分析显示其还有继续上攻的动能，则短线仍可加以关注；反之，即便是价格很低的股票，如果处于下跌趋势，也没有短线操作的价值。

A股市场上一直存在着"强者恒强，弱者恒弱"的规律，一些股票之所以能够持续上涨，正是因为股价上涨本身增强了该股的上涨势头；而另一些股票之所以不涨，恰恰是因为自身股价"跌跌不休"，必须要等到股价彻底"转势"后才有短线机会。"逆势而为"是短线操作的一大禁忌，在大势下跌之时做短线抢反

---

① 更具体的请参考本章第二节。

弹，或者是在个股从超买状态调头向下时抢反弹，都是标准的"自杀"行为。

（二）重时不重质

操作短线的时机抉择是非常重要的，因为短线操作追求的是参与股票的"主升浪"，尽量回避回调。这就要求短线投资者要经得起诱惑，把握住大势。总体来讲，短线买入时机要满足以下几个条件：

①大盘长期趋势或短期趋势开始上行；

②有效突破上升阻力位；

③主动性买盘明显放大，成交量迅速增加；

④目标个股属于热点板块，或者有重大利好题材。

当大行情来临时，大市活跃，成交量不断放大，个股大面积涨停时，短线操作起来也相对容易。当出现题材热点且其中有龙头股时，适时抓龙头是降低风险的不错选择。没有买到龙头股时，只要介入时机选得好，即使买了质地一般的股票，仍然可以快速获利。①

短线操作必须要有耐心，能够气定神闲地等待最佳介入时机的到来。短线操作的大忌是心浮气躁、瞎猜乱撞，这样会丧失最起码的判断能力，致使短线决策出现重大失误。在等待时机出现期间，并不是无所事事，而应该注意行情变动，时时分析思考，努力做到"动则发于九天之上，静则藏于九地之下"。

（三）永不追高

临盘随意追高是短线选手的大忌。可在盘口放量突破前高时进行狙击，亦可耐心等待回落均价线附近时再买入，不回落就放弃这次机会，毕竟机会天天有。

（四）量在价先

主力进场的标志是开盘后量比放大到3倍以上，且越大越好。对于短线操作来说，可利用行情软件的"沪深A股报价"栏快速进行量比排名。

（五）设置止损

并不是每次短线操作都会获利。相反，很多时候在短线买入后，会发现股价

---

① 详见《短线龙头》一章。

运行态势出乎自己的预料。当判断出现失误时，一定要根据预先设定的止损位坚决离场。止损是为了用小的亏损来保全整体资金的安全，从而为以后获得更大盈利保存实力。古语有云："留得青山在，不怕没柴烧。"

勇于丢掉一切不切实际的幻想。短线操作的风险很大，但短线操作不是赌博，越是短线操作，越需要谨慎。一旦判断失误，要勇于承认错误，落实在行动上，一定要赶紧止损出局。千万不要幻想每次操作都能够盈利，那样的话，只会使你的心态变坏，造成更多的错误决策。

（六）永不满仓

短线操作永远不要满仓。短线资金最大仓位到底设定为多少才算合适，不同的人有不同的标准，笔者的短线资金永远不会超过总资金的 10%。不满仓操作的原因，是因为每天都会有好股票出现，每天都有短线买进的机会。没有资金，有好股票也没法买进。好股票留给人们购入的机会是很短暂的，在"腾笼换鸟"的同时，可能会眼睁睁地看着股票价格拔地而起。对于有志于短线操作的投资者来说，仓位的安排可以按照 9 比 1 的比例配置，即 9 成长线仓，1 成短线仓。这样的安排进可攻、退可守，比较适合短线操作的实际情况。

（七）远离消息

短线不是靠消息盈利的，虽然消息能够在短期内使股票价格出现大幅度的变化，但市场形势无论好与坏，股市中流传的消息都会是有真有假，且真假难辨。投资者得到的消息常常是滞后的，依靠消息操作短线，只会使你落后于市场行情。任何一个消息，买卖双方知晓以后，都会经过判断，最终落实到具体的买进卖出上，并通过盘口语言表现出来。主力的细微行动，也会在盘面上表现出来。因此，学会看盘，并在看盘中积累经验，是短线操作的重中之重。

（八）坚持复盘

短线操作的股票是要不断更换的，因为一只股票上涨了一段时间之后，总是会调整一段时间。处于调整状态的股票，就失去了短线操作的价值。短线选手讲究的是"既不参与行进中的调整，也不放弃调整中的行进"。因此，在操作完一只股票之后，必须寻找新的短线操作目标，所以必须每天复盘选择目标个股。对目标个股进行详细分析，需要投入大量的时间和精力，所以短线操作很辛苦，不要指望不劳而获。

（九）短线就是短线

在现实当中，常常见到一些短线选手被套后转为做长线，其实这种做法是非常不理性的，也是极其错误的。该做短线的股票就只能做短线，而不能因为被套后转为做长线，这样做的结果只能使自己套得更深，陷入更加被动的境地。因此，对于短线操作而言，有两点是应切记的：一是要设立止盈位，适可而止，见好就收，以免坐了过山车，反遭套牢；二是要设好止损位，发现行情不对时应及时出逃，以免自己深陷泥淖。

三、操盘思路

（一）弱水三千，只取一瓢

（1）只赚5%。

一年只做30次交易，每次只赚5个点。短线操作讲究"有赚就走，见好就收"。现在许多人以为自己很牛或很幸运，总是以为自己能够在短线中狙击到最牛的黑马。事实上，这种高估自己的行为既危险，又愚蠢。倒不如将目标定低一点，平淡的操作和稳健的盈利，才是短线最好最快的赚钱方法。

（2）只亏3%。

股谚有云："会买的是徒弟，会卖的是师父。"在短线操作中学会怎么卖掉股票才是真正的功夫。要做到稳健复利，就必须设置好止损点，一般控制在3%之内，中线波段操作可扩大至5%以内。

（3）只拿3天。

短线不同于波段，不可能吃尽行情。所以首先要坚信，股市永远有明天，赚钱的机会有很多。快进快出，才是王道。哪怕卖出股票后，它又飞涨，也决不后悔。只要目标达到，就要急流勇退。

（4）集中火力。

专注地做好一件事容易，考虑的因素也会相对周全。因此在操作短线时，要把"所有的鸡蛋放进一个安全的篮子里"，并集中精力维护好篮子的安全，而不是四面出击，到最后"竹篮打水一场空"。

（二）精确选股，轻松赚钱

有人曾问我，他买的股票为什么不涨，我认为这只有一个原因：他没有选对股票。做短线一定要树立一个理念——精确选股，利用自己的选股系统选出最具短线爆发力的股票，如果没有符合条件的股票，宁可空仓观望，没有100%的把握，绝不出手。[①]

（三）震荡行情，天赐良机

震荡行情，是做短线的最好时机。由于行情的上涨空间有限，守住一只股票不放，很难有好的收益。而在安全的前提下，加快资金的周转率，买入更有上涨潜力的短线品种，或能获取更高收益。做短线并不一定意味着每天进出，频繁操作反而增加了亏损的风险。因此，投资者必须要有取舍、耐心等待最佳短线机会的来临，看准了，一月只需要做2~3次交易便已足够。有道是"弱水三千，只取一瓢"，说的就是这个道理。

---

① 更多选股技巧详见后文《短线选股》章节。

第四节　操盘忠告

（1）短线题材，就是讲故事，不管故事是真的还是假的，只要讲得好就行。

（2）"芝麻量"运行很长一段时间，只要量不放大，就以横盘下跌为主，可以先出来，即使反弹，如果量能不济，则高度有限，等成交量大了再进去，免得在里面受折磨。

（3）不要贪图便宜，低于3元的股票都是很垃圾的，不要以为便宜就不跌了，往往这样的股票反弹得很慢，重点关注3元以上的股票，活跃度比较高。

（4）短期底部已经确认，而且在此位置形成了多方炮，一旦放炮，通常会有很好的涨幅。

（5）做短线一定要冷静，必须有9成以上的把握才出手，宁愿踏空，也不要被套。赚钱后卖出时可以随意一些，因为这只是赚多赚少的问题。一定要锻炼自己的心理，戒骄戒躁。

（6）股票的形态很好，已经形成了短期底部，并且持续放量，依托5日均线稳步上涨，才是好的短线标的。

（7）短线忌买股性不活跃的股票。比中石油和工行还磨叽，涨得很慢，短线套在这样的股票上面简直是浪费生命。

（8）短期底部形成的标志：5日线上穿10日线，然后再上穿20日线，最好在上方出现长阳线，高点创出15天新高，并伴有成交量的放大，也就是说出现均线理论中的"出水芙蓉"形态①时，这时短期底部就基本形成了。一般来说，下一次回调的时候不会跌破前期低点，大多数时候也不会跌破20日线。

（9）短线不追高。短线低买非常关键，不论在什么行情，除非盘中狙击强势股，不然最好是找低点介入。

---

① "出水芙蓉"形态，见拙作《炒股实战技法》，北京：中国宇航出版社。

（10）形成双底的股票是未来短线走势比较强的股票。单底的股票通常还要二次探底，否则底部不扎实，会影响上涨的力度。

（11）"喝最烈的酒，骑最靓的马"。炒短线，要买就买龙头股，龙头股不是说名气有多大，盘子有多大，而是短期涨得多、涨得快的股票。同样的时间，龙头股要比其他跟风股涨得多、涨得快，而且还抗跌，不能因为涨得多，就不敢买龙头股，去买跟风股，这是错误的。一旦大盘不好，跟风股会先跌，并且跌得更快。[①]

（12）在弱势行情中，突破新高的股票值得短线选手重点关注。

（13）做短线要具备以下几个条件：

①不要计较一次的得失，要敢于止损；

②敢于触碰热点，敢于追逐龙头；

③开盘后30分钟和收盘前30分钟是短线介入的最佳时机。

（14）操作短线除了观察指数的强弱外，还要观察整个市场的涨跌比。如果涨跌比太小的话，当天就不要参与。

（15）止损和控制仓位是短线的第一步；第二步是要锻炼自己的心理素质，在行情不好的时候尽量少参与，甚至一个星期只操作一次，一次赚3%，已经足够。

（16）短线狙击的股票主要有三种：一是突破箱体创新高的；二是题材驱动的；三是底部放量的，特别是配合出现双底及头肩底形态的。

（17）短线要集中火力干一只股票，切忌贪多不厌。

（18）大盘在大幅上涨的时候，一定要避免短线过于频繁，这样容易错过大黑马；大盘震荡的时候，短线次数可适当增加。

（19）短线重势不重质。再好的股票买高了，也赚不到钱。买卖点很关键，甚至比股票质地好坏还重要，这个需要自己多观察，多总结经验，最起码要学会看均线，短线看5日、10日均线，大盘好的情况下，强势股调整一般不会破5日均线，股价回落到5日均线附近就是很好的介入机会；大盘差的时候，顶多到10日均线，股价回落到10日均线附近就是很好的介入机会。如果你大多数时间都在空仓，专等强势股跌到10日线介入，假设一个月有2次这样的机会，每次赚3%，一年过后你就会赚好几倍。

---

① 详见《短线龙头》一章。

（20）做短线要学会买，更要学会卖，不管手中的股票是涨是跌，大势不好的情况下，只要手中的股票拉升，分批卖出以规避风险准没错。

（21）短线操作，主要看量，讲究"量在价先"。一般来说，股价上方均线密集，没有一定的成交量是不可能突破的，即使突破了也会跌下来。短线要持续上涨，必须要伴随着成交量的放大，特别是横盘整理时向上突破重要点位，必须伴有成交量放大。在连续上涨的行情中，只要当天的成交量高于上一天的成交量，如果大盘没有太大问题，股票就还会冲高。短线高手要做到看一眼成交量，不用看 K 线图，基本就能知道一只股票的大体走势。

（22）一般来说，短线创了新高的股票比没创新高的股票要好，这样的股票没有套牢盘，涨起来比较轻松，大多有比较凶悍的主力在运作，买这样的股票或许更安全。

（23）短线的支撑点，压力点要根据均线、波段的高低点并结合成交量进行综合研判。如果市场太强或太弱，这些支撑点或压力点都起不到很好的作用。

（24）短线只认市场底，不认政策底。根据"墨菲定律"，越认为是政策底，往往越会被跌破。

（25）KDJ 指标在中轴上方金叉不是坏事，恰恰是短线强势的表现，这或许是一只横盘整理的股票选择向上突破的结果。

（26）短线最好不要选择大盘股、蓝筹股、白马股以及大小非股，因为这些股短线爆发力不强；ST 股短线坚决不要碰，因为这类股随时都有暴雷以及退市的风险。

（27）短线也不能与趋势作对，更不能一厢情愿，总是往好的地方想，总是幻想自己买的股票一定会涨，抱有不切实际的幻想是短线操作之大忌。

（28）波浪理论的上升 5 大浪、下跌 3 小浪，在短线上非常有用，有助于短线选手提前做出大方向上的判断。

（29）一般来说，股票连续拉升的中后期，一般开盘价不宜超过 5%，如果超过了，说明主力要利用大幅高开放货了，一般高开 1%～3% 之间为最佳。

（30）一般来说，短线要拉升的股票，控盘程度相对较高，大盘跌的时候，它不怎么跌。

（31）短线高手最重要的不是技术，而是心理。只有心理成熟了，才能驾驭市场。人的心理、性格和志向在短线操作中将暴露无遗。

（32）跌停板不买股。跌停板后，由于强大的下跌惯性，没有最低只有更低。

（33）短线需要经常看盘，以培养盘感。不像波段，短线需要时时关注盘面的变化，因此，想成为一个好的短线选手，就要做好付出时间与精力的准备。

（34）盯住股票的 K 线图看了又看，最终你会发现规律，真正的操盘高手，一定会把市场上一半以上股票的 K 线走势牢记于心。提到一只股票，不用翻看 K 线图，就能立即从脑海里调出这只股票的 K 线走势。

（35）有所为有所不为。普涨行情下，短线不要太频繁，普涨行情中频繁做短，容易踏空。

（36）善于发现"被动下跌"型股票。强势股如果趁大盘跌而被动下跌，是很好的短线介入机会。

（37）不要与股票"发展长期友谊"。短线操盘手，切忌与股票发展长期友谊。

（38）短线最好不要碰"一日游"游资狙击的股票，因为"一日游"游资是市场上最凶狠的短线猎手，短线选手不要去做虎口拔牙的事情，末了"偷鸡不成蚀把米"。①

---

① "一日游"游资，详见《短线资金》一章中的《短线游资》一节。

第四章

短线炒新

本章摘要：伴随着科创板、创业板注册制的推出以及即将到来的全面注册制，新股上市后"连续涨停"的奇观将不复存在，代之而来的是前五个交易日"无涨跌幅限制"。本章与时俱进地介绍了注册制背景下的短线炒新股方法。

第一节　短线绝技

一、首日炒新

股票上市首日，早盘集合竞价最后一分钟，出现资金连续抬价抢筹现象，则上市首日短线上涨的可能性较大。原理：如果主力想控盘，那么开盘后必然要主动向上扫货抢筹，而相对于开盘后的筹码价格，集合竞价阶段的筹码是最廉价、最集中的基本筹码，因此主力绝对不会放过这个扫货的机会。图4–1为集合竞价最后一分钟抢筹示意图。从图中可以看到，该股当天集合竞价最后一分钟出现"价涨量增"的抢筹现象，结果当天该股股价大幅上涨。

（一）买入时机

一旦集合竞价发现有主力抢筹现象，则可在集合竞价结束前30秒内，立刻高挂买入。

（二）操盘要点

（1）该方法仅适用于注册制下，上市后没有涨跌幅限制的股票（目前为科创板及创业板）；

（2）大盘处于筑顶及下跌阶段，不考虑首日买入新股；

（3）如果新股上市首日恰逢有大事发生，譬如：战争、金融风暴、重大活动、股市暴跌等，即使出现首日抢筹现象，也要谨慎。因为这会给主力资金和场外跟风资金带来较大的心理压力；

（4）同日上市的新股中，控股股东实力强的优先考虑；

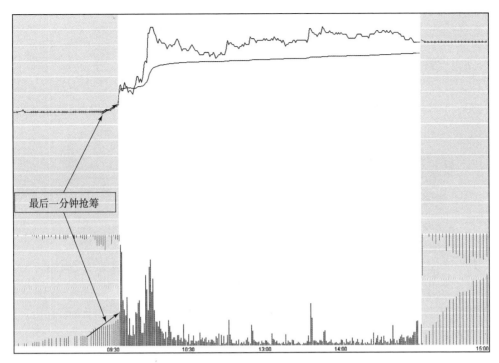

最后一分钟抢筹

图 4-1 集合竞价最后一分钟抢筹示意图

（5）集合竞价 9：20 以前不考虑，因为在此之前可以撤单。9：20 以后不能撤单，此时的集合竞价才是最真实的；

（6）当天集合竞价介入后，出局时间一般选在第三天、第五天或者第八天，持股时间一般不超过八天，极个别强势股可在第十三天出局。其中包含着短线主力控盘的原理以及斐波那契时间周期的制约作用。当然，如果当天介入后走势不符合预期，则第二天就需要考虑止损出局。

二、后市炒新

（一）盘面特征

（1）新股上市首日收阳线为最佳，涨幅不宜超过 50%。

（2）上市首日换手率超过 60%，且越大越好。

（二）买入时机

在新股上市次日或 5 日内放量突破首日最高点时，就是短线黄金买入点。

（三）多空分析

上市首日涨幅不超过50%，说明主力没打算做"一日游"行情，后市上涨潜力更大；首日换手率大，说明大部分中签者选择在上市当日抛售，主力筹码收集充分；5日内突然放量拉升突破上市首日最高点，说明主力展开新行情的拉升意愿非常强烈，后市短线上涨的概率非常大。

（四）操盘要点

（1）该方法仅适用于注册制下，上市后没有涨跌幅限制的股票（目前为科创板及创业板）。

（2）大盘处于筑顶及下跌阶段，不考虑炒作新股短线行情。

（3）定价适中的新股更容易引起主力资金的关注，这样的股票主力资金介入后才有拉升的空间。一般而言，定价在50元以上的新股曲高和寡；相比较而言，定价在50元以下的新股则机会更大。同时，还应结合流通盘大小进行统筹分析。

（4）一般而言，若换手率低于60%，表示主力资金介入不充分。

（5）首日K线形态以收阳线为佳，表明主力资金愿意在首日开盘价上方介入，定价得到了市场合力的认同；十字星次之、阴线较差，但也不是绝对。如沃尔德（688028），上市首日便收十字星，后市从上市首日低点37.94元一路涨至161.15元，历时仅18个交易日，累计涨幅达321.86%。因此，首日K线形态还应结合定价统筹分析。图4-2为沃尔德（688028）2019年7月22日至8月16日的日K线界面图。

（6）新股短线操作对象以热门题材股为宜。

（7）如果新股上市次日强势突破上市首日最高点后，不涨反跌，其后再次跌破上市首日最高价，则要减仓应对。如果跌破上市首日最低价，短线应彻底清仓出局。这是操作纪律，必须执行。跌破上市首日最低价，说明短线主力资金已经放弃对该股的护盘，该股后市下跌空间深不可测，如果遇到大盘走势不佳，新股跌幅往往数倍于大盘跌幅。所以，若遇到这种情况，及时止损非常重要。

图4-3为华安鑫创（300928）2021年1月6日至2月10日的日K线界面图。从图中可以看到，上市次日，该股便强势跌破上市首日最低价，其后更是出现如瀑布般的暴跌。截至2月10日，股价从首日最高价111.63元跌至43.06元，短短25个交易日，累计跌幅逾60%。从该案例不难看出，新股中虽然蕴藏着巨大的机会，但其中风险亦不容小觑。

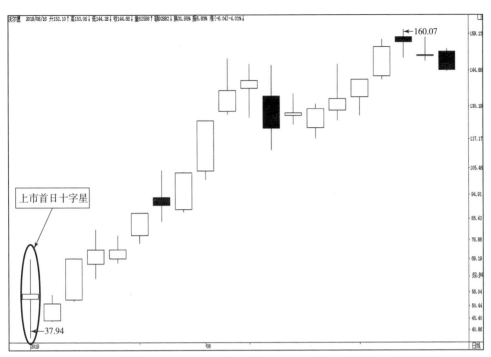

图 4-2　沃尔德（688028）2019 年 7 月 22 日至 8 月 16 日的日 K 线界面图

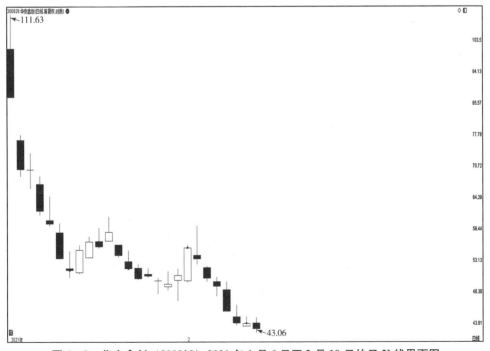

图 4-3　华安鑫创（300928）2021 年 1 月 6 日至 2 月 10 日的日 K 线界面图

第二节 中线绝技

新股中线操作很可能是一轮波段行情中最稳健、最暴利的赢利模式。多数新股上市后都会出现一波明显的中线上涨行情。如果大盘中级调整基本结束，主力常常启动新股作为波段行情的开路先锋，以起到刺激人气、活跃市场的作用。可以说，每次波段行情中，新股板块都会成为中线大牛股的摇篮。因此，一旦把握住新股的中线机会，收益往往非常可观。

一、短期整理

（一）盘面特征

（1）首日收涨幅度不超过 10% 的阳线，或者涨跌幅不大的十字星；

（2）上市后出现震荡回落或阴阳十字星式洗盘走势；

（3）13 个交易日内再次放量上涨突破上市首日最高点。

（二）买入时机

在股价放量突破首日最高点时，就是中线最佳买入点。

（三）多空分析

新股上市首日，一般换手巨大，既有主力大规模建仓，又有跟风资金助力。由于跟风盘较多，主力常从上市次日开始洗盘；经过短暂洗盘后，不久突然放量拉升，突破上市首日最高点。既然主力愿意在短时间内解放上市首日巨额套牢盘，说明主力展开新行情的意愿非常强烈，预示着该股中线上涨的可能性非常大。

（四）操盘要点

（1）一切操作开展的前提是：大盘不能处于筑顶以及下跌阶段；

（2）上市首日涨幅不宜超过10%；

（3）洗盘最大跌幅不能有效跌破首日最低价，但允许在盘中短暂跌破；

（4）如果突破上市首日新高后，短期内连续疯狂拉升，则往往预示着股价在短期将有巨大涨幅，急涨之下切不可随意下车，正所谓"急涨不做空"。

二、中期整理

（一）盘面特征

（1）股价整理时间在21至55个交易日之间；

（2）在整理过程中，股价涨幅非常有限，始终处于震荡整理态势；

（3）某日突然以放量长阳突破上市首日高点。

（二）买入时机

放量长阳突破上市首日高点之日便是买入之时，这也意味着该股即将展开爆炸性的上涨行情。

（三）多空分析

新股在上市之后强势整理时间长达21至55个交易日，说明主力收集筹码的时间非常充分，同时经过长时间的夹板振荡，洗盘也非常充分，一旦主力放量突破新高，表明主力吸筹和洗盘完毕，即将展开中线主升浪，这种走势后市爆发力极强。因此在股价创新高时，可坚决跟进，以便顺风搭车。

对于主力来说，如果中线运用先洗盘后突破的方式，要么在第21个交易日附近，要么在第55个交易日附近展开拉升动作。这是因为，主力经过21个交易日的吸筹和洗盘，时间已经基本足够，21个交易日属于日线级别的变盘窗口，而21个交易日刚好是四个交易周，第五周又恰好属于周线变盘窗口，所以主力很可能在第21个交易日附近展开拉升动作。

如果主力没有选择在第21个交易日附近展开拉升，那就很可能等到第55个交易日附近再拉升，原因是第 55 个交易日属于周线级别的变盘窗口，更重要的是，经过三个月的震荡整理，吸筹以及洗盘已经非常充分，主力拉升没有了后顾之忧。

（四）操盘要点

股价创上市首日新高！大家可以发现新股中期整理的技术要点与短期整理类似。其实整理时间长短的区别就在于主力拉升意图的强与弱，表现在走势上，就是调整时间的长与短。新股上市次日不调整直接拉升的，就按前一节所讲述的短线战法捕捉。最后再次强调：大盘处于筑顶以及下跌阶段时，一定要放弃任何个股的中短线机会，看大势者才能赚大钱！

第五章
短线猎杀主力

　　本章摘要：本章对主力从试盘到出货的控盘全过程进行了深入浅出的讲解。分别介绍了主力"试盘""建仓""洗盘""拉升""出货"过程中的短线操盘要点。

第一节　试　　盘

一、试盘

定义：试盘是主力对将要开展的建仓等后续行为进行的试验，从中测试盘中的相关信息，从而指导其一系列后续行为。理论上，试盘行为贯穿主力建仓、洗盘、拉升、出货的各个阶段，通常所说的试盘，一般特指建仓之前的行为。

特征：在大盘风平浪静的时候，股价盘中被莫名其妙地突然大幅拉高或大幅打压，这种异常现象说明有主力对该股票在进行试盘。此时我们对该股的异常现象应引起高度重视，要密切关注它的后续走势，以利于我们在最好的时机展开跟主力动作。

二、目的和方式

主力通过漫长的耐心等待以后，在各种市场环境初步具备发动行情的条件下，通过制定严密的控盘资金运作计划准备建仓，通过对某目标股进行价量的控制，将本身不能确定的股价走势在确定的时间和价格范围内进行控制，以达到自己操纵股价，获取较大利润的目的。如同行军打仗要知己知彼才能百战百胜一样，在真正建仓该股之前，主力必须对它的基本情况进行正确的了解，我们这里只讲技术面的图表表现，这就是主力控盘前展开的试探动作——试盘。通过试盘动作，主力可以了解以下内容。

（1）探主力。窥探是否有其他主力介入（俗称"老主力"），以免造成主力之间互相制约甚至拼杀。如果有别的主力已经潜伏在内，则该股的筹码吐纳将体现出非散户持有的特色。新进主力必须采取较为稳妥的办法进行解决，常用的方式包括换主力、抢主力、联主力、助主力、跟主力、弃主力；

（2）向上试盘。通常主力会在风平浪静的时候突然将股价大幅推高，然后让其自然回落，以此来测试盘中筹码的抛压情况。如果拉升时有大量的抛盘涌出，说明该股或有老主力潜伏，该股的建仓行为应从长计议；如果拉升时抛盘稀少，说明收集筹码有困难，必须考虑以更高的成本价格进行拉高收集才能完成建仓任务。具体表现在 K 线界面图上就是在风平浪静中猛然出现一根长长的上影线，这就是向上试盘，目的是测试盘中抛压大小，辨明建仓难易。

图 5－1 为吉林高速（601518）2018 年 7 月 5 日至 10 月 22 日的日 K 线界面图。从图中可以看到，该股股价在 2018 年 8 月 2 日盘中出现脉冲拉升试盘的现象，最高涨至 3.18 元，随即出现大量抛盘，说明该股大概率已有老主力潜伏，其后新主力果断放弃此次建仓行为。

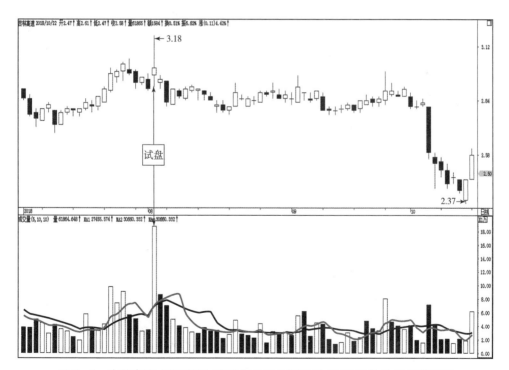

图 5－1　吉林高速（601518）2018 年 7 月 5 日至 10 月 22 日的日 K 线界面图

（3）向下试盘。主力为了了解市场对该股的买进兴趣，在有准备的情况下，用手中的少量筹码出其不意地将该股的股价大幅打低，以便观察有多少恐慌抛盘吐出或有多少场外买盘对它的低价位感兴趣而去展开买进动作，以此了解打压该股的下档支撑极限。如果打压超过该极限，打压出去的筹码就可能无法再次买回。其具体表现在 K 线界面上就是在风平浪静中突然出现一根长长的下影线，这就是向下试盘，目的是测试场外买盘力度，界定打压极限。从试盘表现出的成交量特征上看，如果盘中筹码锁定情况特别牢固，主力在未来的建仓动作中就必须考虑拉升建仓的方式。

图 5-2 为金杯汽车（600609）2019 年 12 月至 2020 年 3 月的日 K 线界面图及 2 月 4 日的盘口界面图。从图中可以看到，该股在拉升前期的 2 月 4 日当天，盘中连续两次测试支撑位，股价一底比一底高，说明下方承接有力，随后平稳回升，主力不久便正式展开拉升建仓行为。

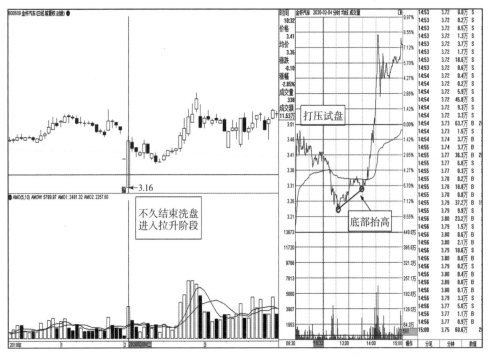

图 5-2 金杯汽车（600609）2019 年 12 月至 2020 年 3 月的
日 K 线界面图及 2 月 4 日的盘口界面图

（4）主力通过试盘买进的部分筹码可以用于今后正式建仓时做空打压股价使用，以便在较低的价位买进建仓需要的更多廉价筹码。这也就是试盘时 K 线界面图上成交量突然放大的根本原因。

（5）主力通过仔细的试探，最后确定是按原计划真正控盘该股还是放弃对该股控盘，以便回避盲目勉强控盘带来的不可控制因素，避免造成资金的巨大风险。

第二节 建 仓

建仓动作展开的大盘阶段和个股位置

聪明的主力总是选择大盘市场背景将要兴奋发动行情的时候建仓，以便借大势向好之利，乘风破浪，乘胜前进。也就是说，主力建仓的最好时机就是大盘经长期下跌即将见底或已经见底的时候。具体表现在 K 线界面上就是 30 日均线经历长时间的大幅下调将要走平或开始走平的时候。这一现象说明市场的总体做空动能基本得到释放，此时个股的循环位置只要处于下跌阶段的末期，就初步具备主力对个股建仓的市场基础。这在 A 股的历次大牛市中得到了彻底的体现。打开沪深股市的图表，我们可以发现每次大牛市前夜，集团大资金集体大规模建仓各自目标股票的壮观情景。以此拉开历次大牛市的精彩序幕……

图 5-3 为 1996 年大牛市启动前夜大盘（深证成指）与个股（平安银行）阶段位置对比图（日线，下同）。

图 5-4 为 2005 年大牛市启动前夜大盘（深证成指）与个股（大庆华科）阶段位置对比图。

图 5-5 为 2014 年大牛市启动前夜大盘（深证成指）与个股（美年健康）阶段位置对比图。

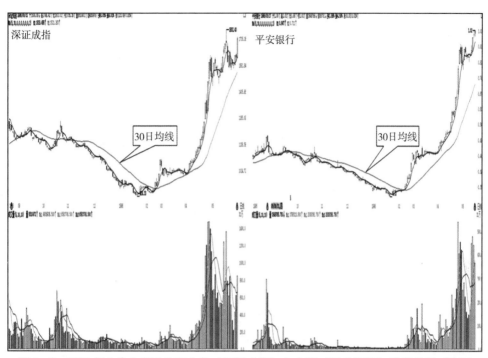

图 5 – 3　1996 年大牛市启动前夜大盘（深证成指）与个股（平安银行）阶段位置对比图

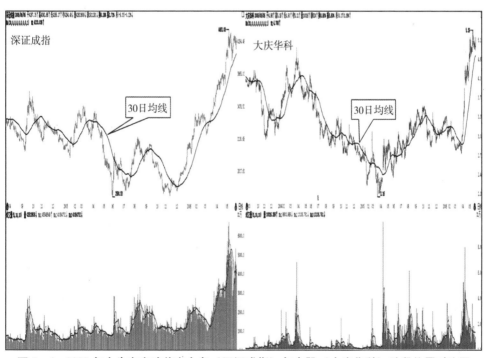

图 5 – 4　2005 年大牛市启动前夜大盘（深证成指）与个股（大庆华科）阶段位置对比图

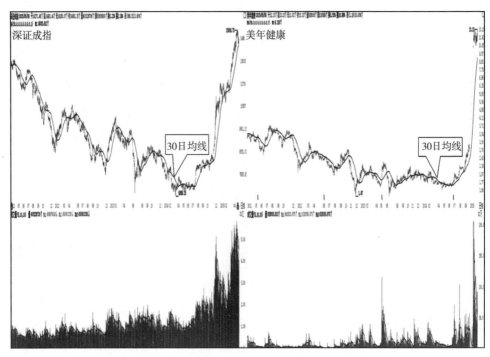

图5-5　2014年大牛市启动前夜大盘（深证成指）与个股（美年健康）阶段位置对比图

第三节　洗　　盘

洗盘，是指把低成本的筹码震荡出来，通过充分换手，达到抬高筹码的平均成本，为轻松拉高做准备。

一、洗盘方式

在没有空杀空的情况下，许多投资者在买进某只股票以后，由于信心不足，常致杀低求售、被主力洗盘洗掉，看着股价一直涨上去。炒股的人，对于主力的洗盘技巧务必熟知，而主力的洗盘方式不外乎下面几种。

（1）开高杀低法：常表现为高档无量砸盘，低档接手强劲，投资者可以看到股价一到高档即有大手笔砸盘，而且几乎是快杀到跌停才甘心，但股价却不跌停，不然就是在跌停价位，不断产生大笔买盘，此时缺乏信心的投资者低价求售，主力于是统统吃进，等到没有人愿意再低价卖出，压力不大时，再一档一档向上拉升，如果拉了一二档压力不大，可能会急速拉到涨停，然后再封住涨停。所以，当投资者看到某股在股价循环低位放大量时，应该勇于大量承接，必有所获。

（2）跌停挂出法：主力一开盘就悉数以跌停挂出，待跌停杀出的股票到达一定程度而不再增加时，主力迅速将自己的跌停挂单撤销，一下将散户的跌停抛单吃光，继而往上拉抬，而其拉抬的意愿视所吃的筹码多寡而定，通常主力要拥有大量的筹码时，才会展开行动，因此若筹码不够，则第二天可能还会如法炮制，投资者亦应在此时机低价买进。新主力往往运用新思维，在涨跌停板处的洗盘更是逆大众思维，也是主力大举措的前奏，这种洗盘方式直接导致主力持股成本较高，主力为了获取更大利润，行情很有可能向"疯马"演变。

（3）固价洗盘法：此种情况表现为股价不动，但成交量却不断扩大。其洗盘的方式为：主力以限价挂入超大买卖单。这样的结果将导致一整天股价将"静止"在某个价位，只要股价久盘不动，普通投资者将不耐烦抛出，不管再多的量全部以限定价位落入主力的手中，直到量大到主力满意为止。

（4）上冲下洗法：当股价忽高忽低，而成交量却不断扩大时，投资者应该设法在低价位挂单。此法是主力利用开高走低、拉高、掼低再拉高，将筹码集中在手上的方法，故称为"上冲下洗"。此法综合开高走低法和跌停挂出法而成，将会造成特大的成交量。

（5）连拉阴线法：主力以大阳线启动，然后向下连拉阴线，阴线的收盘价跌破启动阳线的开盘价，造成向上假突破的迹象，则第一天放量参与的人大多会斩仓出局，而前阶段参与该股的人，也被"吓"出来了。

（6）二次洗盘法：有的主力持仓不够，为了吸筹进行第一次洗盘：让前期平台向下破位。参与平台盘整的人信心开始动摇，在短线客离场的助跌中，主力悄悄买入。目的达到后，再进行二次洗盘：冲上平台，但不拉高。前期来不及出逃者匆匆卖出。二次洗盘后，就等放量上攻了。

（7）低位洗盘法：指的是股价筑底完成后的洗盘。此时主力再次把股价打低，可以创造更多的上升空间，为后面的突破性上升行情，创造更多的空间。又可使其制造的突破性行情，显得更加猛烈，气势更加壮观，从而吸引更多跟风盘。

（8）高位洗盘法：指的是股价在筑底完成后上涨了一段时间的洗盘。本身股价已经处于一个相对高位，市场获利盘极为丰富，如果不进行一次彻底的洗盘，主力在后面根本无法作二次突破，更无法实施最终的"胜利大逃亡"。而经历此一阶段的洗盘后，不少获利丰厚的投资者都把手中的筹码抛出来了，主力控盘程度更高的同时也彻底扫除了大幅拉升的障碍，主升浪也就自然而然要开始了！

二、K 线特征

（1）大幅震荡，阴线阳线夹杂排列，市势不定；

（2）成交量较无规则，但有递减趋势；

（3）常常出现带上下影线的十字星；

（4）股价一般维持在主力持股成本的区域之上。若投资者无法判断，可关注 5 日或 10 均线，中长线投资者则可关注 30 日均线；

（5）按图形理论分析，洗盘过程即整理过程，图形上也都大体显示为三角形整理、旗形整理和矩形整理等形态。

三、洗盘意义

主力控盘不洗盘行不行？答案当然是否定的。主力洗盘的目的有三：

（1）显示该股有主力——一是向其他主力宣示"领地意识"；二是树立良好的市场形象；

（2）进一步活跃股性，反复吸筹；

（3）为以后的拔高做准备。

①有些主力是"长主力"，他希望自己的股票稳中有涨，并不喜欢脱缰的"野马"，一旦出现涨速过快的情况，将不利于它维持缓慢的上升通道。"野马"的走势会打乱它的既定步骤。所以，股价冲破上轨便卖，跌破下轨便买。既有利于降低成本，又赶出了坐轿的人，为将来的最终拉高奠定基础；

②有些主力是"快手"，通过洗盘，让投资大众的成本不一样，保持"阶梯型"的接力棒式，这样在将来的拉高中就不会出现一致的抛盘，利于拉升。

四、操作策略

应对主力的出货行为当然应该"止盈"或"止损"，其后这只股票看都不要再看，因为主力已出货，股价的生命循环已经走到了尽头。对于主力的洗盘，当然应该区别以待。即使判断失误，过早卖出，也要马上返身再买。道理很简单：您被主力"玩出局"的同时，"左邻右舍"也倒下了，而股价又和您的预期相反，反而轻松地再创新高，当您喘气的时候，谁在买呢？当然是主力机构。清理浮筹后的再创新高，意味着主升浪的展开，此时不买，更待何时？不要为刚卖了而痛心，如果此时不买，就是"懦夫"。俗话说得好："浪子回头金不换！"

五、实战解析

（1）图5-6为万盛智能（300882）2021年7月至9月的日K线界面图。从图中可以看到，主力在8月23日拉出一根大阳线，给人一种二次启动的感觉，但主力已经意识到股价在低位启动后吸引了不好跟风盘，此时应该先洗盘，由于主力已经控制了大量的流通筹码，故采用连续拉出阴线的方式，"逼"出短线客。也许，当我们回头看时，不得不佩服"真人不露相"，而自己或许已经成了洗盘的牺牲品。

图5-6　万盛智能（300882）2021年7月至9月的日K线界面图

（2）图5-7为联创股份（300343）2020年6月至2021年9月的日K线界面图。从图中可以看到，该股主力在2020年下半年构筑了一个平台。进入2021年，股价出现大幅下跌，造成平台破位，既然已经破位，许多投资者认定将跌破2020年6月的低点，因此在破位后纷纷卖出。而股价此时却不再继续下跌，反而拉了一根大阳线，其后股价再次出现连续阴线，吸引最后的"割肉盘"，这也预示着最后一跌已完成。2021年下半年的壮观行情正是建立在前期彻底的洗盘之上。

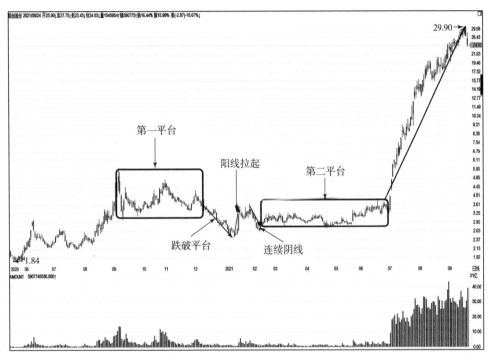

图5-7 联创股份（300343）2020年6月至2021年9月的日K线界面图

（3）图5-8为绿的谐波（688017）2020年10月至12月的日K线界面图。从图中可以看到，该股从低位73.88元起涨一段时间后，展开了一段长时间的洗盘，给人的感觉是股价已经开始构筑头部，主力已经不再维持股价。不同类型的投资者，应对这样的洗盘有着不同的方法。短线选手可以在5日线走平后离场观望。但因为30日均线一直向上，证明中线向好，因此，在5日线重新上穿10日线时，务必及时跟进；因为30日均线一直向上，所以中线选手大可不必理会，持股待涨即可。

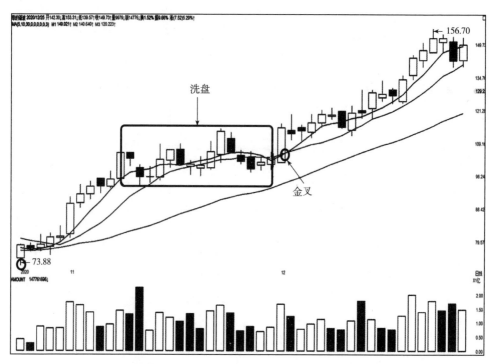

图 5 - 8　绿的谐波（688017）2020 年 10 月至 12 月的日 K 线界面图

第四节　拉　　升

一、旱地拔葱

所谓"旱地拔葱"，即当主力洗盘完毕，采用连续拉大阳或涨停板的方法迅速推高股价，在 K 线组合上形成"旱地拔葱"的形态。这样做既可以节省资金、缩短拉升时间，又可以打开上升空间。特别是当个股有重大题材即将公布之时，主力往往会迫不及待地用此法拉高股价。采用这种拉升方法的主力一般具有较强的实力，其操作的股票一般都能成为市场中的黑马，最易引起跟风盘的追涨。

如 2020 年 1 月 6 日，盘整近 3 个月的模塑科技（000700）突然放量拉升——蛰伏其中的主力开始行动了。1 月 7 日股价涨停，创出前期平台的新高，其后的几天出现天天涨停，至 2 月 11 日，股价最高拉升到 15.61 元，与拉升前一天的最低价 3.84 元相比涨幅达 330%。图 5 - 9 为模塑科技（000700）2019 年 7 月至 2020 年 2 月的日 K 线界面图。

二、进二退一

这种方式多发生在大盘股及中盘股上，在市场中表现出十分稳健的姿态，比较容易被投资者所接受，并达到推波助澜的目的。此手法通常在拉升过程中进行洗盘，尤其是在重要的阻力区域，以小幅回撤或横盘振荡的形式整理消化阻力，然后趁着利好消息或市场良好的氛围再次将股价拉高一个波段，股价重心不断上行，最后股价会打破这个规律，产生两种结果：一是形成向上加速突破，二是向

图 5－9　模塑科技（000700）2019 年 7 月至 2020 年 2 月的日 K 线界面图

下破位结束波段拉升。一般对于筹码控盘度不高或实力不够的主力多采用此种方式。

　　图 5－10 为贵州茅台（600519）2016 年 9 月至 2017 年 11 月的日 K 线界面图。从图中可以看到，2016 年 9 月至 2017 年 9 月，该股的股价稳中有升、拾级而上，2017 年 9 月后，主力突然打破常规，加速向上突破。

三、波段拉升

　　主力将股价拉高一截后就整理休息一段时间，然后再拉高一截，之后又休息一段时间，在 K 线组合上形成一个一个的台阶。采用这种方式拉升的主要有三类主力：第一类主力资金实力不够，控盘能力不强，顶不住市场上的获利盘抛售，只能采取循序渐进、稳扎稳打的方式拉高；第二类主力性情较为温和，喜欢不瘟不火地做波段；第三类主力可能因为保密工作做得不太好，跟风盘太多，因此采

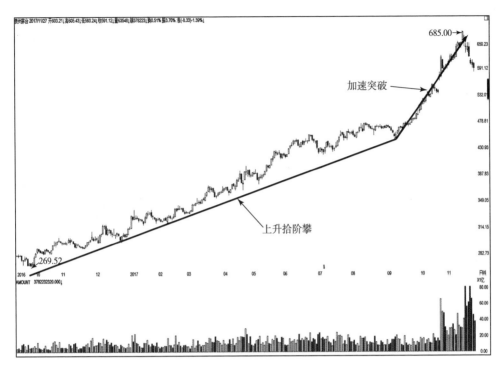

图 5 – 10　贵州茅台（600519）2016 年 9 月至 2017 年 11 月的日 K 线界面图

用这种方式赶走跟风者。

　　图 5 – 11 为捷顺科技（002609）2018 年 10 月至 2020 年 4 月的日 K 线界面图。从图中可以看到，该股在整个持续 1 年半的拉升过程中共出现 4 个显著波段以及 3 次显著洗盘。而当投资者已经形成思维定式的时候，主力却在完成最后一次拉升后改变了此前的波段拉升模式。2020 年 12 月见到高点 13.12 元以后，主力选择了出货，随即股价向下破位。因截屏大小有限，2020 年 4 月份以后的走势，投资者可打开行情软件自行查看。

四、盘旋拉升

　　这种方式同波段式拉升相似，当股价在加速爬升的过程中，由于拉升速度太快，前期累积的获利盘太多。于是当股价被拉升到一定高位时，获利盘蜂拥而出，主力不得不释放部分获利盘，然后再进行第二波拉升。盘旋的形式有一次盘

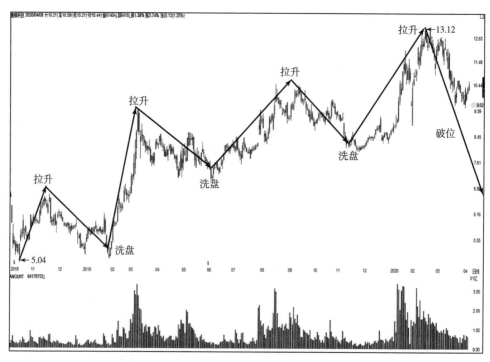

图 5－11　捷顺科技（002609）2018 年 10 月至 2020 年 4 月的日 K 线界面图

旋、二次盘旋、三次盘旋，很少见到四次盘旋的例子。此外，从盘旋时间看有短盘旋、中盘旋、长盘旋，因此需要投资者多加注意。

　　此种拉升方式最典型的案例莫过于 2019 年的最大妖股东方通信（600776）。在整波拉升行情中，主力在拉升中段释放过一次获利盘，其后进行了二次拉升。图 5－12 为东方通信（600776）2018 年 10 月至 2019 年 4 月的日 K 线界面图。

五、破位拉升

　　这种方式在阶段性高点放出巨额成交量，走势上确立阶段性顶部，由于主力在暗处，一般人很难分辨是最终顶部还是局部小顶，从而被清洗出局，而破位之后的股票即使再次被拉升，也会被投资者误认为是反弹，最终发现该股继续创出新高，但为时已晚。

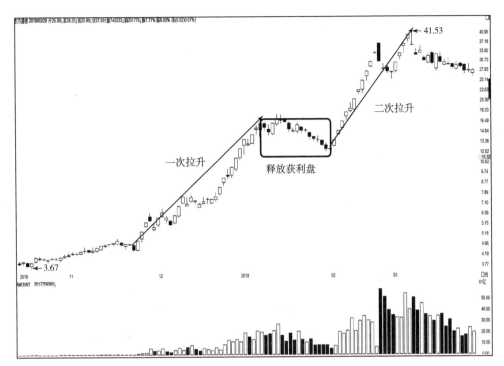

图 5 - 12　东方通信（600776）2018 年 10 月至 2019 年 4 月的日 K 线界面图

图 5 - 13 为天际股份（002759）2020 年 8 月至 2021 年 4 月的日 K 线图。从图中可以看到，该股从 6.35 元的低位起涨，一口气涨至 27.89 元，涨幅达 4 倍以上。在 27.89 元放出巨量后，该股进入阴跌态势，股价于 2021 年 4 月 12 日破位，至此，大部分持股意志不坚定者已经被洗出局。

图 5 - 14 为图 5 - 13 的后续走势。从图 5 - 14 中可以看到，股价破位后便开始上涨，而此时普通投资者普遍认为这仅仅是反弹，结果却大大出乎人们的预料，实际情况为破位之日便是启动之时，破位后的拉升才是该股最为劲爆的拉升阶段。之后不久，该股便勇创新高，至 2021 年 7 月 14 日，最高涨至 54.80 元，比此前高点再翻一倍。

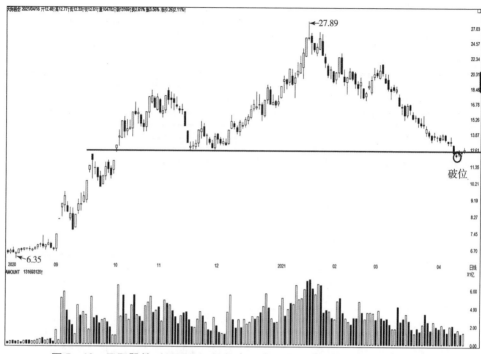

图 5-13 天际股份（002759）2020 年 8 月至 2021 年 4 月的日 K 线界面图

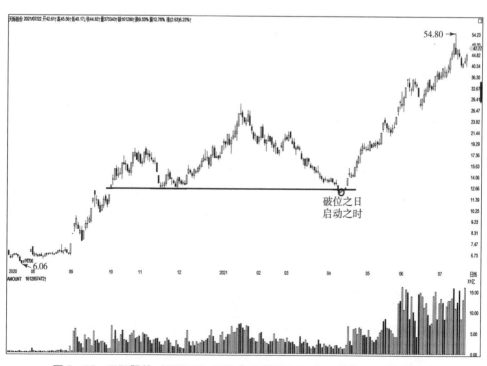

图 5-14 天际股份（002759）2020 年 8 月至 2021 年 4 月的日 K 线界面图

六、推土机式

主力沿着一定斜率拉高股价，为避免股价下跌而缓慢上拉，拉升一段时间后，主力会故意打压下股价，常常放下"鱼钩"，以吸引买盘逢低吸纳，然后又将股价拉上去。打压股价的目的在于让短线获利者出局，让看好后市者入场，完成筹码换手，提升市场持筹成本。采用此法拉升的主力实力一般，为"小白"主力，最后往往很难出货。

图 5－15 为济民医疗（603222）2019 年 1 月至 2020 年 4 月的日 K 线界面图。从图中可以看到，自 2019 年 1 月份起，该股股价以推土机形式缓慢攀升至 2020 年 1 月的高位 55.89 元，且越攀越慢，显然，主力后面已力不从心，最终该股的主力以"闪崩"的形式结束这段愚蠢的旅程。

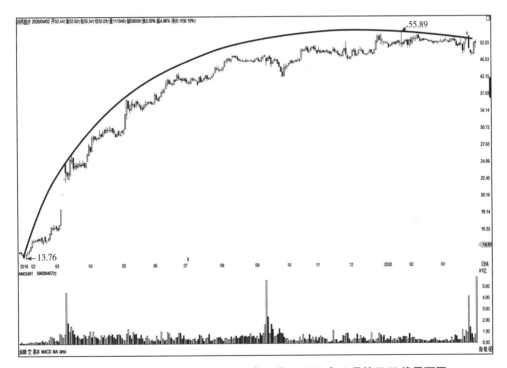

图 5－15 济民医疗（603222）2019 年 1 月至 2020 年 4 月的日 K 线界面图

七、目空一切

采取这种方式的主力实力雄厚，筹码高度控盘，操纵股价时不讲章法，其拉升目标位非常之高。大胆的散户完全是盲目跟进，无法预测目标位，或者是被快速拉高的暴利效应所诱惑，在高位接下主力大量的筹码。

图5-16为特力A（000025）2015年7月至12月的日K线界面图。从图中可以看到，该股主力在近半年的拉升过程中可谓目空一切，连续涨停与连续跌停，显示出了该股主力高超的控盘艺术。

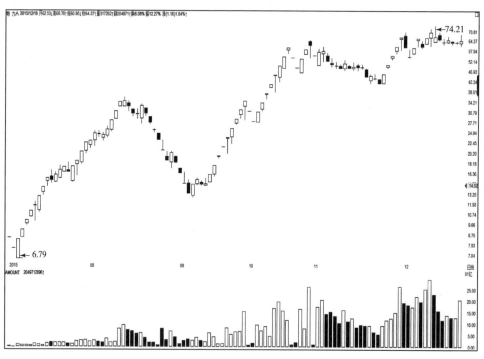

图5-16　特力A（000025）2015年7月至12月的日K线界面图

第五节　出　　货

一、出货方式

（一）快速砸货

其特点是快速持续地将大笔筹码抛出，使股价快速下跌。这一出货方式常见于前期股价已有较大升幅的股票。由于主力获利颇丰，以这种方式出货可迅速落袋为安，并减少随后可能发生的风险。此手法一般运用于大盘疲软，市场对后市预期趋淡等情况。对此，投资者不宜过早介入抢反弹，而应冷静观察其调整情况，伺机而动，否则极有可能被套。

（1）图 5－17 为 ＊ST 金刚（300064）2020 年 5 月至 2021 年 5 月的日 K 线界面图。2020 年 10 月 21 日该股见最高价 8.67 元，此时该股已经从 2020 年 5 月的底部上涨了 4 倍有余，累计升幅巨大。由于主力获利颇丰，急于落袋为安，在见到最高点次日，主力开始快速持续地将大笔筹码抛出，致使股价快速下跌。至 11 月 17 日股价最低见 3.21 元，短短 1 个月，累计跌幅逾 60%。其后该股一直跌到 2021 年 5 月的 1.76 元，才再次止跌企稳。

（2）图 5－18 为杰普特（688025）2019 年 1 月至 2021 年 4 月的日 K 线界面图。2020 年 7 月 24 日该股见最高价 81.63 元，此时该股已经从 2019 年 12 月的底部上涨了近 3 倍，累计升幅巨大。在见到最高点次日，主力开始快速持续地将大笔筹码抛出，致使股价出现快速下跌。该股下跌途中鲜有反弹，可见主力出货之坚决，至 2021 年 3 月该股最低见 33.86 元，股价被腰斩。

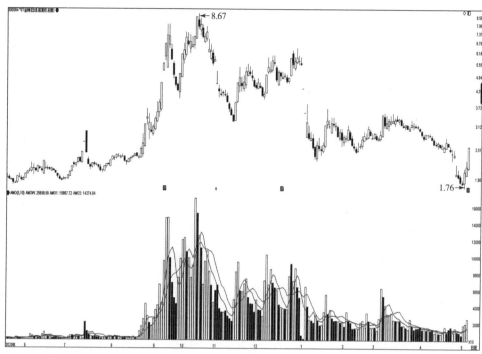

图 5-17   ＊ST 金刚（300064）2020 年 5 月至 2021 年 5 月的日 K 线界面图

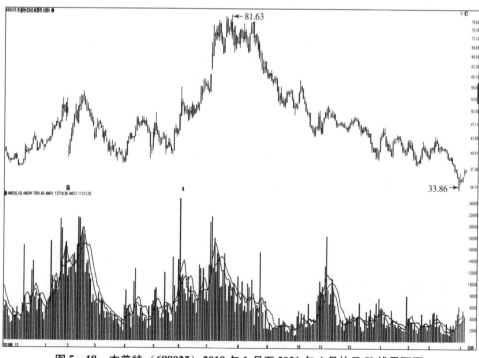

图 5-18   杰普特（688025）2019 年 1 月至 2021 年 4 月的日 K 线界面图

（二）无量阴跌

这种出货手法较为隐蔽，不易引发跟风出货的现象，对股票后市的走势也留有余地。这种出货方式与震荡调整蓄势行情表现相似，而区分两者最关键的地方是，如股价前期有过较大拉抬，且下跌无明显支撑时，一般可认定为出货；反之，则可判断为震荡蓄势。值得一提的是，利用这种手法出货，到中后期经常会出现突然疯狂砸盘的现象。所以，投资者千万不要认为某只股票阴跌了很长时间，就按捺不住去抢反弹，殊不知，更大的风险还在后面。

（1）图 5－19 为共达电声（002655）2020 年 4 月至 2021 年 2 月的日 K 线界面图。2020 年 7 月 17 日该股见最高价 14.50 元，此时该股已经从 2018 年 10 月的底部上涨了 3 倍有余，累计升幅巨大。由于该股在周末公布了"终止重组"的利空消息，导致开盘后出现连续两日跌停，其后该股一路无量阴跌至次年 2 月才止跌企稳。

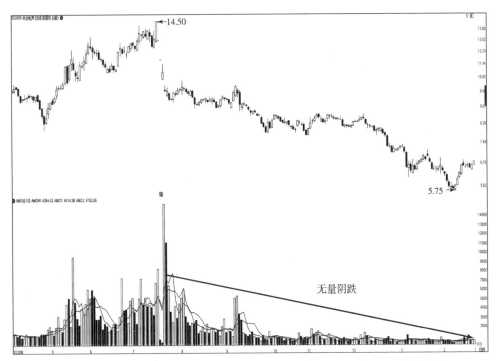

图 5－19　共达电声（002655）2020 年 4 月至 2021 年 2 月的日 K 线界面图

（2）图 5－20 为四通股份（603838）2020 年 7 月至 2021 年 2 月的日 K 线界

面图。2020 年 8 月 19 日该股见最高价 11.50 元，此时该股已经从 2020 年 2 月的底部上涨了 80%，累计升幅可观。其后出现了为期四个月之久的无量阴跌走势，再往后主力直接撕下了伪装，开始疯狂砸货。至 2021 年 2 月该股最低见 5.25元，较最高点已经腰斩。

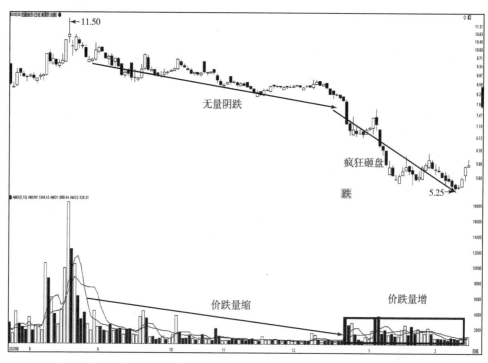

图 5-20　共达电声（002655）2020 年 4 月至 2021 年 2 月的日 K 线界面图

（3）图 5-21 为北方稀土（600111）2017 年 5 月至 2019 年 2 月的日 K 线界面图。2017 年 8 月 10 日该股见最高价 20.54 元，此时该股股价已经从 2017 年 6月的底部翻倍。其后出现了长达一年半之久的无量阴跌走势，至 2019 年 1 月该股最低见 8.39 元，较最高点已经腰斩。

（三）边拉边出

此种方法一般常见于强主力，同时股票本身后续有较好的题材配合，经过一段凶悍震仓后，再次快速拉抬股价。出货时一般是大笔资金出货，小笔资金拉抬。这样既可以实现部分利润，又可为以后继续在更高的位置出货创造条件。

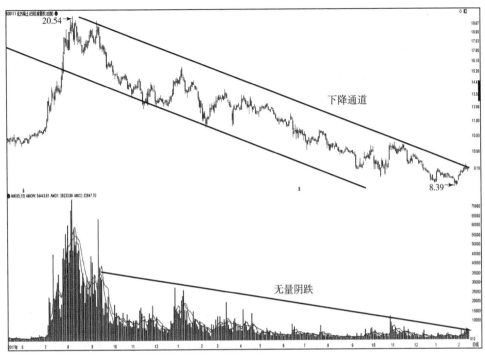

图 5－21　北方稀土（600111）2017 年 5 月至 2019 年 2 月的日 K 线界面图

（1）图 5－22 为新钢股份（600782）2017 年 4 月至 2018 年 5 月的日 K 线界面图。2017 年 9 月该股见到第一个头部；其后在高位强力震仓后快速拉起，于同年 11 月见到第二个头部；之后再次重复之前的震仓—拉起动作，于次年 2 月见到第三个头部。第三个头部出现后，该股进入了漫长的下跌过程，直到三年后的 2021 年 2 月才止跌企稳。

（2）图 5－23 为潞安环能（601699）2017 年 4 月至 2019 年 2 月的日 K 线界面图。2017 年 9 月该股见到第一个头部；其后在高位强力震仓后快速拉起，于次年 2 月见到第二个头部。第二个头部出现后，该股进入了漫长的下跌过程，直到一年后的 2019 年 1 月才波段止跌；反弹过后，又一直跌到 2020 年 5 月才止跌。

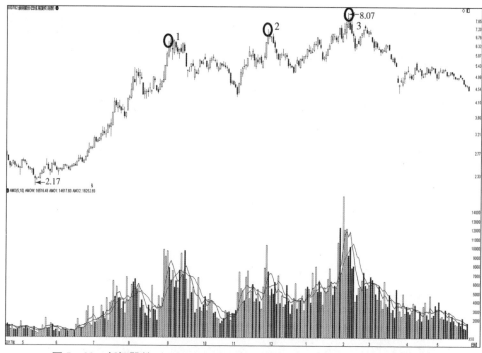

图 5 − 22　新钢股份（600782）2017 年 4 月至 2018 年 5 月的日 K 线界面图

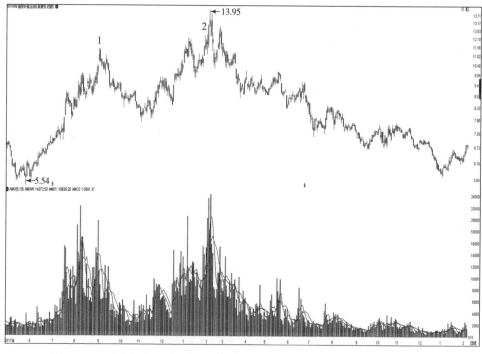

图 5 − 23　潞安环能（601699）2017 年 4 月至 2019 年 2 月的日 K 线界面图

二、洗盘还是出货

许多投资者抱怨：我怎么判断主力是洗盘还是出货？

事前诸葛和事后诸葛可以助您一臂之力。

事前诸葛：主要是量的不同。不管是先拉高后砸盘还是先砸盘后拉高，量是根本。持仓巨大的主力不会用大量筹码来洗盘，这既没有现实意义也没有必要，只会拿部分筹码来均衡市场。价跌量缩是洗盘的主要特征之一。您不禁要问：价跌量缩和无量阴跌的区别何在？后者也呈缩量跌，但没有长期的实质题材，且处于股价循环的高位区域。

事后诸葛：均价和新高是检验洗盘还是出货的关键。只要股价出现新高，即可以认为前期的阴线组合只不过是一种洗盘性质。既然股价已创出新高（新高可不是那么容易创的），就表明洗盘已经结束。

综上所述：洗盘时主力总是千方百计动摇人们的持股信心，等到出货时总以美好前景来麻痹人们。但二者之间仍有本质区别：洗盘时股价在主力打压下迅速走低，成交量无法放大，在下方获支撑后，缓慢上升，这时成交量才慢慢放大；出货时上升持续时间短，成交量并不很大，有许多对倒盘，但下跌时会伴随着较大的成交量。洗盘时浮动筹码越来越少，成交量呈递减趋势，而出货时浮动筹码越来越多，成交量一直保持较高水平；洗盘时股价最终向上突破，并放出大的成交量，表明洗盘完成，升势开始。出货的最终盘局会向下突破，但成交量不一定迅速放大，呈阴跌状态，表明主力出货完毕，股价由散户支撑，必然继续下跌；洗盘过程中一般无利好，甚至放利空干扰投资者，但在主力出货时，经常会出利好麻痹投资者，以达到掩护出货的目的。

第六节　知主力

有投资者曾经这样问笔者："主力的成本是 20 元，他将股价打到 15 元或者 10 元，不也亏了吗？难道这是个蠢主力不成？"

实则不然，主力赚钱的方法是不同于普通投资者的。

比如，有些股票在突然出现利空时，会出现连续好几个跌停，甚至是十几个跌停后打开跌停板的现象。有的投资者不禁会问："如果主力不连续砸跌停板，出货的价位不是会更高吗？"

其实，在突发利空的情况下，主力如果不连续砸跌停板出货，普通投资者也会抢着出；而此时承接盘有限，主力的货是很难出掉的，与其慢慢阴跌，不如快刀斩乱麻，采用猛砸跌停的方法。此时，市场的目光就会集中到这里来，当跌到一半时，通过对倒或者通过其他主力配合爆出巨量。因为在这几天的跌停中，市场对该股的关注度将会非常高，许多不明真相的普通投资者会认为这时的股价已经跌幅不小，技术上出现了超卖，应该会有一定的反弹空间。此时，技术派、短线客、投机者便会开始着手"抢反弹"。

从筹码分布的角度分析，主力可以把卖出的筹码按现价买入，如果价格跌去一半，就等于增加了一倍的筹码，股价只要再涨 50%，主力的本就回来了，而那些守在高位的投资者，只有等到猴年马月再解套了。

得出的结论就是，如果股价继续下跌，主力其实更容易获利。

理想很美好，现实很残酷。在下跌过程中放巨量其实是为了更好地出货，看似大单扫货，实则是巨大陷阱。最近几年上市的非注册制新股，上市初期基本都是连续涨停。动不动就是翻几倍，甚至十几倍。其实，这不过是机构之间的一种互相配合、互相接力，后期接盘的机构也会得到一定的利润，而且后期单一机构买入的并不多，更多的是靠机构之间的互相帮助，拉升后的筹码其实大多数已经转移到散户手中。

熊市中每一次下跌，都是主力的一次收割。比如，主力在某个价位出掉一部分筹码，导致股价下了一个台阶，这时，会连带出一部分割肉止损盘，同时又会吸引进一批抄底盘，主力此时将停止派发手中的筹码，反手买进一部分筹码，其后股价开始反弹。反弹几天后，之前止损割肉出局的投资者，开始懊恼后悔之前割肉出局的愚蠢行为，于是开始纷纷回补，以期降低成本，最终能解套出局。而之前没来得及出货以及止损割肉的投资者，一看股价开始反弹，便更不打算卖算了，他们还在幻想着解套出局。这时，主力会再来一次出货行为，将前期套牢盘、割肉盘、止损盘、跟风盘再度一网打尽。其间，股价虽然是在下台阶，而主力在下跌当中不仅没有亏损，反而会盈利。

一些实力不强的游资偶尔也会选择一些绝对低价的股票炒作一番。比如一件商品，10 元加 1 元，顾客可能就会嫌贵；而如果是 1 元加 1 角，不显山不露水，顾客便不会与之计较。而 10 元加 1 元和 1 元加 1 角所赚的比例却是一样的，都是 10%。股票也是一样，1 元涨到 2 元，悄无声息，不会惊动散户，甚至不会惊动管理层；但如果将 100 元的股票干到 200 元，效果就不一样了。

图 5 - 24 为暴风集团（300431）（已退市）2020 年 5 月 13 日至 6 月 12 日的日 K 线界面图。从图中可以看到，当股价跌至 1.33 元时，出现了一波短线暴涨行情，最高涨至 6 月 5 日的 2.83 元，短短 8 个交易日，股价翻倍。主力为什么敢于这么搞一只濒临退市的垃圾股？就是因为股价绝对够低。不要忘记，该股是从高位 123 元一路跌至 1.33 元的。从 1.33 元涨到 2.83 元，在大多数人看来，甚至在监管层看来，都不过是毛毛雨而已，而身在其中的主力却制造出了巨大的获利空间。

这就是为什么投资者经常会看到一些绝对低价股莫名其妙地连续涨停，因为绝对低价股是主力打游击的最好标的。

股票市场的定律是一赢两平七亏，这意味着至少 70% 的人都会亏损。那投资者如何才能站到 10% 盈利的群体中呢？主力为了赚取散户的血汗钱，不断地研究散户心理和行为，散户不妨换位思考一下，如果你是主力你会怎么办，这叫"知己知彼百战百胜"，只有这样，我们才能在这个充满陷阱、欺诈、骗术和谣言的市场里立于不败之地。

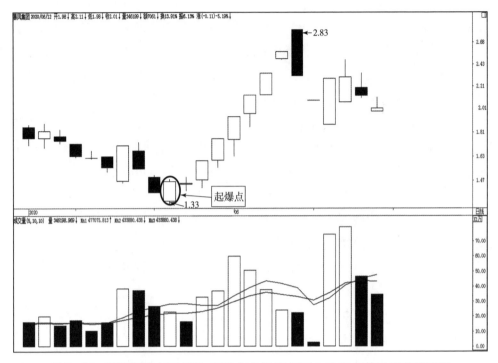

图 5 – 24　暴风集团（300431）2020 年 5 月 13 日至 6 月 12 日的日 K 线界面图

第七节　吃主力

一、准确定位

　　猪圈里有两头猪，一头大猪，一头小猪。猪圈的一边有个踏板，每踩一下踏板，在远离踏板的另一边的投食口就会落下少量的食物。如果有一头猪去踩踏板，另一头猪就有机会抢先吃到落下的食物。当小猪踩动踏板时，大猪会在小猪跑到食槽之前吃光所有的食物；若是大猪踩动了踏板，则还有机会在小猪吃完落下的食物之前跑到食槽，争吃自己的"劳动成果"。问：两头猪应分别采取什么策略？答：小猪只能在食槽边等，而让大猪不知疲倦地奔忙于踏板和食槽之间。

　　在这个模型中，有一条规则：猪越小越容易饿死。

　　其中的"大猪"就是股票市场中的"主力"，而"散户"就是其中的"小猪"。散户不要妄想去踩动投食器的踏板，那是主力的专利。散户能做的，就是耐心等待在食槽边，瞄准时机，抢一口吃。所谓"识时务者为俊杰"，顺势而为，投机吃差价才会有更多的机会赚到钱。于是，这个模型可以转变为，主力充分发挥自身优势，"发掘"或"制造"出一些热点，散户则借势哄抬股价，或者干脆顺风搭车，双方实现双赢。散户难以战胜主力，但可以从主力的盛宴中分得一杯羹。散户与主力实力悬殊，这是一场60公斤级选手和80公斤级选手的拳击比赛。但是，主力单凭这些优势并不能奈何得了散户，因为股市也有股市的规则。主力的胜利其实是建立在散户的错误定位之上的。

　　在大草原上，如果说股民是羊群，那主力则是狼。股市就是狼吃羊故事的现实版。

　　在草原中，羊看到狼会跑，为什么？怕被狼吃掉。但在股市里却不一样，大部分人买股票喜欢买主力股，最好是强主力股，因为强主力股涨得猛、涨得快，这也正是主力喜欢看到的。羊在草原上吃什么？吃草。它会选择有狼的地方去吗？绝对不会！

这就是股民自我定位上的错误，你本来就是羊，吃草就行了，这个草就是找个业绩良好的股，在合适的价格买入并持有。但大部分股民不这样，总想跟着狼后面"喝点汤"，这还有不亏损的道理？所以，大草原上的羊群大部分幸存下来了，而股民大部分都被"主力"吃了。

二、一戒二有

戒贪惧。趋利避害是人的本能，随之而来的是贪婪和恐惧。主力盘踞在主动的位置，坐拥天时地利，他们善于把握散户的一切弱点，有预谋、有步骤地营造出各种各样的市场假象，使散户历经从无所适从，到满怀希望，再到心灰意冷等心理折磨，最终致使判断脱离正轨，趋利发展为贪婪，避害演化为恐惧。贪婪使散户在不应持有股票时买进，恐惧使散户在应该买进或持有时抛售，不知不觉地进入追涨杀跌的误区，主力则在这一片混乱之中坐收渔翁之利。

有恒心。因为主力控盘是个漫长的过程，要树立放长线钓大鱼的理念。

有信心。不管主力如何打压震仓，上下洗盘，任凭风吹雨打，我自岿然不动。

若在心理上做到了"一戒二有"，散户也能分得主力的一杯羹。当然，要完全"吃定主力"，还不是那么容易。在市场中，散户与主力的最理想状态是"双赢"。

第八节　猎杀主力

事实上，投资股票就跟战争的运作道理一样，当一只股票在某天发生明确的涨、跌、放量、异常波动或异常停滞时，"敌情"也就出现了，此时是战术出击的最佳时机。

一、高开高走

在股价拉升初期，如果当日股价高开高走，则表明主力欲加速发力上攻，以脱离建仓成本区。如果当日放量（量比达 3 倍以上）攻击，换手率达 5% 以上，则是主力投入巨资操作的征兆，预示着股价将进入快速拉升阶段，上涨空间巨大。

图 5–25 为生益科技（600183）2019 年 5 月至 10 月的日 K 线界面图及 7 月 25 日的盘口界面图。从图中可以看到，该股 7 月 25 日盘口放量高开高走，当天最终以涨停价报收，其后该股股价步入快速上行阶段，至 9 月 23 日，该股最高涨至 29.54 元。从放量高开高走当日起算，累计涨幅达 90% 以上。

二、压低收盘

在底部建仓阶段，主力突然实施压低收盘的操盘手法，预示着可能将在次日发动打压诱空建仓的动作，因此临盘需关注次日股价的变化，如果股价打压至重要支撑位，出现大单接盘现象，说明股价即将见底，主力诱空成功，同时也意味着买入时机的来临。

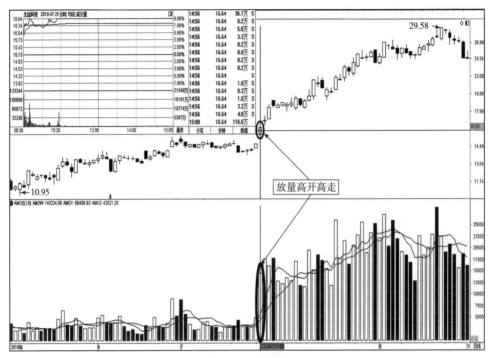

图 5 - 25　生益科技（600183）2019 年 5 月至 10 月的日 K 线界面图及
7 月 25 日的盘口界面图

图 5 - 26 为趣店（QD）2019 年 7 月至 2020 年 3 月的日 K 线界面图及 2020 年 3 月 18 日的盘口界面图。从图中可以看到，该股在经历长期下跌后，2020 年 3 月 18 日这一天，主力故意在盘口压低收盘价，次日盘中继续压低股价，遇到重大支撑位后便迅速拉起。至此，主力诱空成功，股价于次日（3 月 19 日）即见到波段低点。

三、无量假涨

股价在盘中拉升的过程中出现价涨量缩的现象，称为"无量假涨"。"假涨"是主力在盘中拉升过程中通过对敲等做盘技巧拉抬股价所引致的结果。

一般而言，假涨并非主力持续投入资金的结果，而是完全由主力通做盘技巧拉抬股价的结果。盘口表现为，在拉升过程中缺乏成交量的有效配合。所以，量

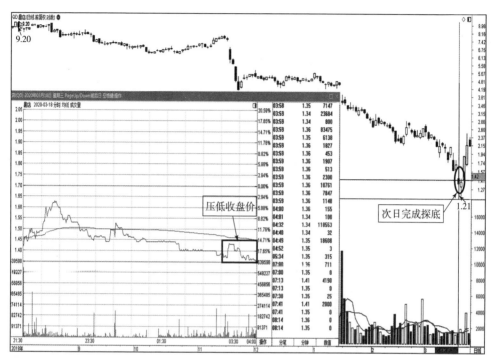

图 5 – 26　趣店（QD）2019 年 7 月至 2020 年 3 月的日 K 线界面图及 2020 年 3 月 18 日的盘口界面图

价关系是判断股价是否假涨的重要依据。

（1）当假涨出现在股价盘头阶段时，说明主力在盘中寻求对敲出货，股价已经见顶。如图 5 – 27 所示，金杯汽车（600609）2019 年 4 月 17 日在盘头阶段出现无量假涨，其后股价出现大幅下跌。

（2）当假涨出现在股价盘底阶段时，说明主力通过假涨高抛低吸，股价短期还会反复。如图 5 – 28 所示，容百科技（688005）2020 年 4 月 14 日在筑底阶段出现无量假涨，其后股价出现二次探底。

（3）当假涨出现在股价下跌阶段时，说明主力通过技术性反弹寻求出货，后市仍将继续大幅下跌。如图 5 – 29 所示，东华软件（002065）2020 年 5 月 19 日在下跌阶段出现无量假涨，其后股价出现大幅下跌，一路跌至 5 月 28 日的 10.63 元才止跌企稳。

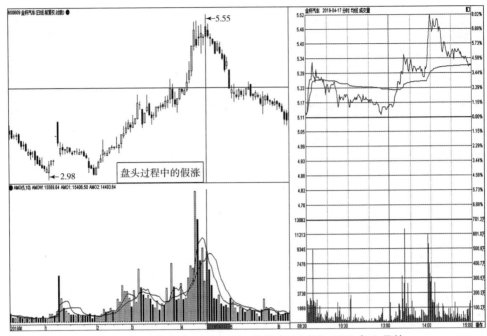

图 5 – 27　金杯汽车（600609）2018 年 12 月至 2019 年 9 月的
日 K 线界面图及其 2019 年 4 月 17 日的盘口界面图

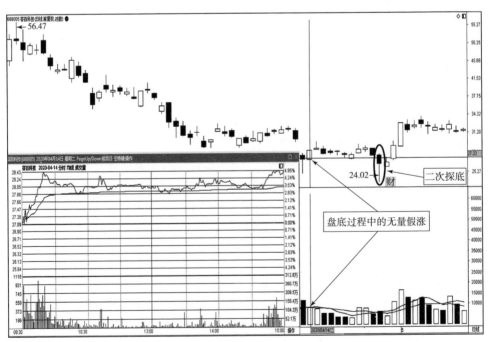

图 5 – 28　容百科技（688005）2020 年 2 月至 5 月的
日 K 线界面图及其 4 月 14 日的盘口界面图

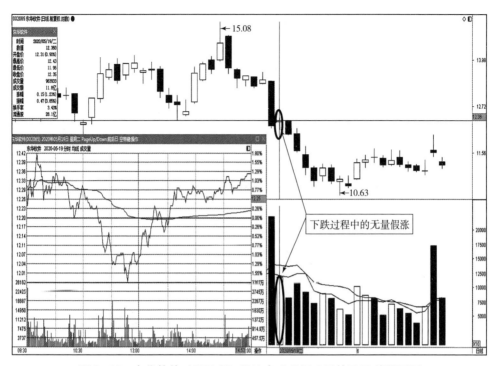

图 5－29　东华软件（002065）2020 年 3 月至 6 月的日 K 线界面图
及其 5 月 19 日的盘口界面图

四、高台跳水

股价处于筑顶阶段，主力早盘在集合竞价时将股价高开，然后在盘中不断抛出筹码，致使股价飞流直下。走势流畅狭长，绝少有反弹间隙。股价在早盘出现跳水图形时，若盘中无法及时出货，临盘可以待其股价短暂止跌时果断杀出，盘中切勿犹豫观望，此时无论短中线风险都已经极大。股价在尾盘出现高台跳水形时，临盘操作时必须在当天收盘前以市价及时卖出。

（1）图 5－30 为博威合金（601137）2020 年 2 月至 4 月的日 K 线界面图及其 3 月 31 日的盘口界面图。从图中可以看到，该股在筑顶阶段的 3 月 31 日当天，出现早盘高台跳水的走势，其后股价"十分流畅"地跌至收盘，该日后，该股正式进入下跌阶段。

（2）图 5－31 为东方通（300379）2019 年 8 月至 11 月的日 K 线界面图及其

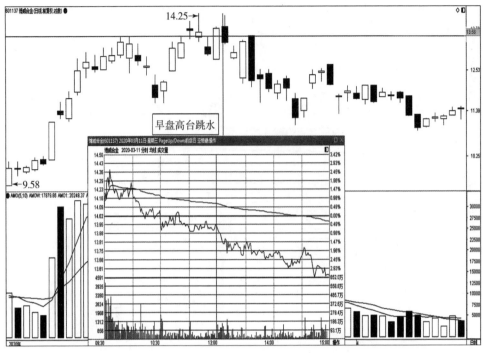

图 5-30　博威合金（601137）2020 年 2 月至 4 月的日 K 线界面图及 3 月 31 日的盘口界面图

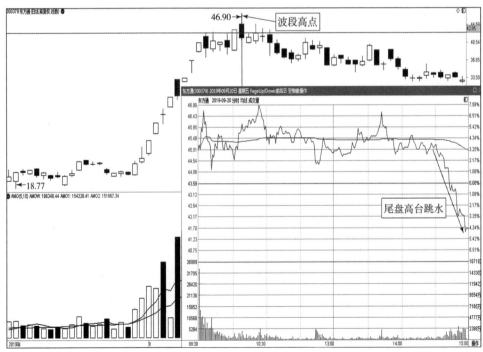

图 5-31　东方通（300379）2019 年 8 月至 11 月的日 K 线界面图及其 9 月 20 日的盘口界面图

9月20日的盘口界面图。从图中可以看到,该股在筑顶阶段的9月20日当天,走势出现尾盘跳水态势,投资者应在收盘前坚决以市价及时卖出,结果该股当天的最高价46.90元即成为波段最高价。

第六章

短线黑马

本章摘要：本章从"静态捕捉"黑马股到"临盘捕捉"黑马股，从黑马股的买点到黑马股的卖点，以大量的实战案例通俗易懂地讲述了捕捉黑马的全过程，将"骑马"技巧全部呈现在读者的面前。

第一节　静态捕捉

在股市中，有这样一个术语，它就是"黑马"。大多数投资者都倾向于寻找短期翻倍的大黑马。我们都知道，想要找到这样一匹黑马，是需要付出一定努力的。不付出心血，怎能轻易获得自己想要的东西呢？要想找出短线黑马，首先我们就要知道它的静态盘面特征。

技术分析是离不开K线图的。一只股票成为短线黑马，必然是主力对它进行彻底而连贯运作的结果。从K线图表的量价关系上看，必然会察觉主力有计划持续操盘的痕迹，就连最狡猾的主力也都必然会露出马脚。短线黑马的产生绝对不是所谓的"游资"所为，"游资"仅仅起到了锦上添花的作用。

从静态盘面看，一匹短线黑马的诞生必然是控盘主力以资金实力控制了该股绝大部分的流通筹码。唯有如此，主力才能对该股进行随心所欲的量价操纵。因此，该股票在爆发前必然具有主力大规模建仓的量价特征，要么长时间大规模隐蔽建仓，要么以横扫一切的抢盘动作坚决彻底不惜一切代价地拔高突击建仓。

拿到一张股票的K线图表后，静态盘面的第一切入点就是判断该股票处在股价循环的哪一阶段，[①] 处于下跌阶段和筑顶阶段的股票应立即排除出我们的狙击目标。无论它是绩优股，还是有一千个其他的买进理由，这种股票绝对不是我们可以买进或者持有的品种。请牢牢记住，处于下跌阶段和筑顶阶段的股票是绝对的"垃圾股"！推荐我们买进此类股票的分析师是低水平的，用"谋财害命"来形容他们也不为过。他们没有一丁点儿专业操盘手的水准，这样的分析师的文章不看也罢。

言归正传，从日K线图表看，短线黑马股必须处于股价循环筑底阶段已经胜利结束，或者处于上升阶段的初始阶段，该股票的中短期均线系统必须全部形成

---

① 详见本书《短线操盘》之《循环理论》。

向上攻击的多头排列态势。① 突破时，5 日均线大于 45 度角，呈现出陡峭的向上攻击态势，这是短线黑马股的重要特征之一。量价关系上，控盘主力必须持有该股 50% 以上的流通筹码，这在盘面成交量分布结构上将会有充分的体现。要求资金进而未出，并且主力还必须具备有充足的后续拉高再放量的资金实力。突破时，量比必须放大 3 倍以上，且越大越好。

从周 K 线图看，如果 KDJ 指标此时正是低位刚刚金叉之时，即可以较大仓位买入，围绕 30 日均线中线持股待涨；如周 KDJ 指标不符合前述标准，则只能以较小仓位介入，且日线一旦发出短线卖出信号，如 5 日均线拐头及指标死叉等信号，就必须无条件出局。

图 6－1 为省广集团（002400）2019 年 10 月至 2020 年 6 月的日 K 线界面与周 K 线界面对比图。从日 K 线图中可以看到，主力于 2019 年 12 月开始进场建

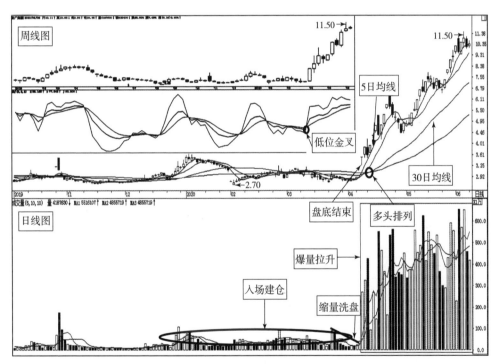

图 6－1　省广集团（002400）2019 年 10 月至 2020 年 6 月的日 K 线界面与周 K 线界面对比图（左上角为周线图）

---

① "多头排列"的相关内容，详见拙作《炒股实战技法》，北京：中国宇航出版社。

仓，以温和放量的方式，① 隐蔽建仓长达四个月之久，拉升前缩量回调，之后开始了爆炸性的放量拉升；从周 K 线图上看，该股周 KDJ 指标在起爆拉升前夜低位金叉，周线指标的低位金叉，给该股日线级别的上涨提供了强有力的保障。因此，日线发出买入信号之时，便是重仓做多之日。

以上就是有关短线黑马静态盘面的介绍。作为投资者，无论在什么情况下，一定要心态平和，保持自己的信心，这样才能得到自己想要的财富。

---

① "温和放量"的相关内容，详见拙作《炒股实战技法》，北京：中国宇航出版社。

第二节　临盘捕捉

短线黑马的临盘捕捉，即盘中第一时间即时捕捉技巧，是专业短线操盘手秘不示人的独门绝技。通过涨幅、量能、指标等行情要素为线索，盘中即时确定目标股票是否是短线黑马的快速交叉操盘法，操盘示范如下。

第一步：盘前，打开股票行情软件，通过快捷键"7"，迅速进入"沪深行情要素"排序界面。图6-2为2020年6月4日的"沪深行情要素"排序界面。

	代码	名称		涨幅%	现价	量比	换手%	总股本(亿)	地区	细分行业	AB股总市值	市盈(动)	市净率	总量	涨速%	上市日期	说明
1	000001	平安银行	R	0.22	13.57	0.70	0.30	194.06	深圳	银行	2633.38亿	7.70	0.93	583066	0.15	19910403	
2	000002	万科A	R	-0.41	26.73	0.92	0.75	113.02	深圳	全国地产	2599.28亿	60.45	1.60	724556	0.11	19910129	
3	000004	国农科技		2.75	29.90	1.11	3.00	1.65	深圳	生物制药	49.35亿	323.31	3.54	25201	0.10	19910114	
4	000005	世纪星源		1.52	2.68	1.20	0.59	10.59	深圳	环境保护	28.37亿		1.85	62849	0.37	19901210	
5	000006	深振业A		-0.39	5.12	1.10	1.38	13.50	深圳	区域地产	69.12亿	13.50	1.01	186693	-0.18	19920427	
6	000007	全新好		0.25	8.12	0.83	2.50	3.46	深圳	酒店餐饮	28.13亿		15.08	77232	0.25	19920413	
7	000008	神州高铁		-0.66	3.00	0.66	0.41	27.81	北京	运输设备	83.42亿		1.14	169128	0.00	19920507	
8	000009	中国宝安		7.95	7.47	3.64	7.47	25.79	深圳	综合类	192.67亿	119.85	3.46	190.0万		19910625	
9	000010	*ST美丽		0.00	3.93	1.56	1.03	8.20	深圳	建筑工程	32.22亿		7.39	53523	0.26	19951027	
10	000011	深物业A		2.08	11.76	1.46	5.89	5.96	深圳	区域地产	70.09亿	11.53	2.12	310038	1.38	19920330	
11	000012	南玻A		-0.21	4.66	0.79	0.59	31.07	深圳	玻璃	144.78亿	32.53	1.51	115999	-0.20	19920228	
12	000014	沙河股份		1.41	9.37	0.90	2.71	2.02	深圳	全国地产	18.90亿	60.84	2.10	54610	0.11	19920602	
13	000016	深康佳A		-1.14	6.94	0.68	3.19	24.08	深圳	家用电器	167.11亿		2.13	508941	0.00	19920327	
14	000017	*ST中华A		4.29	2.43	2.26	4.04	5.51	深圳	文教休闲	13.40亿		205.26	122519	-0.40	19920331	
15	000019	深粮控股		0.24	8.49	0.85	4.28	11.53	深圳	其他商业	97.85亿	29.48	2.17	177874	0.00	19921012	
16	000020	深华发A		-0.73	9.54	0.34	0.78	2.83	深圳	元器件	27.01亿		8.21	14201	0.00	19920428	
17	000021	深科技	R	1.76	24.30	0.92	3.79	14.71	深圳	IT设备	357.52亿	109.85	5.14	556920	0.21	19940202	
18	000023	深天地A		0.90	16.75	0.93	2.21	1.39	深圳	其他建材	23.24亿		5.03	30719	0.06	19930429	
19	000025	特力A		-0.55	18.03	1.03	0.93	4.31	深圳	汽车服务	77.72亿	373.01	6.09	36425	-0.21	19930621	
20	000026	飞亚达		0.57	8.89	1.16	1.47	4.28	深圳	其他商业	38.07亿		1.49	52434	0.00	19930603	
21	000027	深圳能源	R	0.55	5.51	0.81	0.16	39.64	深圳	火力发电	218.44亿	26.03	0.92	63227	-0.17	19930903	
22	000028	国药一致	R	3.25	41.32	1.41	1.26	4.28	深圳	医药商业	176.90亿	17.78	1.35	46251	0.15	19930809	
23	000029	深深房A				0.00		10.12	深圳	区域地产	109.36亿	97.24	2.96	0		19930915	
24	000030	富奥股份		-0.92	6.49	1.08	2.86	18.11	吉林	汽车配件	117.50亿	24.71	1.73	502869	1.41	19930929	
25	000031	大悦城		-0.02	6.50	0.62	0.28	42.86	深圳	全国地产	218.17亿	28.76	1.13	50417	-0.19	19931008	
26	000032	深桑达A		-1.18	18.36	1.18	0.97	4.13	深圳	元器件	75.87亿	105.77	5.10	40094	0.00	19931028	
27	000034	神州数码		-3.08	23.25	0.96	3.46	6.54	深圳	综合类	152.07亿	32.17	3.41	166684	-0.03	19940509	
28	000035	中国天楹		0.21	4.87	1.02	0.33	25.24	江苏	环境保护	122.91亿	28.41	1.15	78649	0.21	19940408	
29	000036	华联控股		-0.46	4.37	0.75	0.85	14.84	深圳	全国地产	64.85亿	5.22	1.23	125884	-0.22	19940617	
30	000037	深南电A		0.08	12.09	0.71	0.32	6.03	深圳	火力发电	72.87亿		3.66	11007	0.17	19940701	
31	000038	深大通		-4.30	11.57	0.79	9.35	5.23	深圳	广告包装	60.49亿	71.37	2.18	216892	-0.08	19940408	
32	000039	中集集团		0.00	7.25	0.38	0.35	35.86	深圳	轻工机械	110.65亿		0.75	53313	-0.13	19940408	
33	000040	东旭蓝天		-0.33	3.03	0.83	1.55	14.87	深圳	新型电力	45.05亿		0.34	164721	0.00	19940808	
34	000042	中洲控股		1.81	10.70	1.21	0.26	6.65	深圳	全国地产	71.14亿		0.95	17141	0.19	19940921	
35	000045	深纺织A		-0.56	7.04	1.04	1.14	5.09	深圳	元器件	35.86亿		1.32	52091	0.14	19940815	

图6-2　2020年6月4日的"沪深行情要素"排序界面

第二步：将搜索目标直指"涨幅榜"首版。大盘上涨时要求目标个股涨幅大于3%；大盘震荡调整时要求目标个股走势要强于大盘。通过此步骤，初步发现目标个股洪泉物联（688288）、江苏北人（688218）以及江西长运（600561）三只股票，这是第一次筛选。图6-3为2020年6月4日的沪深行情涨幅排行榜。

	代码	名称		涨幅%	现价	量比	换手%	总股本[亿]	地区	细分行业	AB股总市值	市盈(动)	市净率	总量	涨速%	上市日期	说明
1	688288	鸿泉物联	R	20.01	44.98	3.87	40.18	1.00	浙江	汽车配件	44.98亿	103.25	5.23	85380	0.00	20191106	
2	688218	江苏北人	R	12.52	30.28	5.69	25.42	1.17	江苏	专用机械	35.53亿	—	4.28	65568	0.53	20191211	
3	688398	赛特新材	R	10.39	61.49	2.65	26.17	0.80	福建	矿物制品	49.19亿	46.48	6.33	47629	0.34	20200211	
4	600960	渤海汽车		10.13	3.48	3.11	4.26	9.51	山东	汽车配件	33.08亿	—	0.70	304112	0.00	20040407	
5	600565	迪马股份	R	10.13	3.48	1.41	1.99	24.36	重庆	全国地产	84.77亿	69.28	0.92	479223	0.00	20020723	
6	000428	华天酒店		10.12	3.70	2.52	2.23	10.19	湖南	酒店餐饮	37.70亿	—	1.54	226895	0.00	19960808	
7	002280	联络互动		10.11	2.07	2.01	11.03	21.77	浙江	软件服务	45.07亿	—	2.17	194.4万	0.00	20090821	
8	002366	台海核电	R	10.11	5.23	2.14	11.31	8.67	四川	专用机械	45.35亿	—	2.01	565452	0.00	20100312	
9	002348	高乐股份		10.10	3.16	3.29	5.40	9.47	广东	文教休闲	29.93亿	—	2.32	401559	0.00	20100203	
10	600828	茂业商业		10.10	5.45	2.16	3.96	17.32	四川	百货	94.39亿	31.00	1.40	259166	0.00	19940224	
11	002494	华斯股份		10.10	6.00	0.61	1.60	3.86	河北	服饰	23.13亿	—	1.23	47151	0.00	20101102	
12	600146	商赢环球		10.09	4.26	1.56	16.71	4.70	宁夏	服饰	20.02亿	—	2.43	785538	0.00	19990707	
13	600086	东方金钰		10.07	1.53	2.74	8.63	13.50	湖北	服饰	20.65亿	—	3.91	912174	0.00	19970606	
14	603906	XD龙蟠科		10.05	4.84	4.85	3.03	江苏	化工原料	32.80亿	32.97	2.37	145354	0.00	20170410	
15	300432	富临精工		10.04	10.08	0.97	涨幅榜	1.39	四川	汽车配件	74.49亿	22.48	4.06	885525	0.00	20150319	
16	601127	小康股份	R	10.04	10.41	3.99		3.67	重庆	汽车配件	131.93亿	—	2.03	230871	0.00	20160615	
17	002103	广博股份		10.04	8.55	1.75	32.51	5.34	浙江	互联网	45.68亿	—	4.51	117.4万	0.00	20070110	
18	600865	百大集团		10.04	8.99	4.05	20.48	3.76	浙江	百货	33.82亿	—	1.79	770473	0.00	19940809	
19	300426	唐德影视		10.03	6.69	0.32	0.43	4.19	浙江	影视音像	28.03亿	—	20.76	10883	0.00	20150217	
20	002516	旷达科技		10.03	3.51	0.61	1.27	14.71	江苏	纺织	51.63亿	32.11	1.43	118784	0.00	20101207	
21	600551	时代出版	R	10.03	8.34	1.44	2.61	5.06	安徽	出版业	42.19亿	16.59	0.91	132164	0.00	20020905	
22	603682	锦和商业	N	10.02	13.50	1.70	29.14	4.73	上海	房产服务	63.79亿	37.05	3.96	275342	0.00	20200421	
23	600679	上海凤凰		10.02	13.83	2.35	5.85	4.02	上海	文教休闲	55.62亿	—	4.09	134899	0.00	19931008	
24	600561	江西长运		10.02	5.16	7.92	7.13	2.37	江西	公共交通	12.23亿	—	1.21	169072	0.00	20020716	
25	000721	西安饮食		10.02	5.27	2.90	19.13	4.99	陕西	酒店餐饮	26.30亿	—	4.62	833713	0.00	19970430	
26	000581	威孚高科		10.01	19.81	1.98	2.77	10.09	江苏	汽车配件	226.11亿	10.28	1.31	231807	0.00	19980924	
27	002942	新农股份		10.01	28.57	5.59	22.65	1.20	浙江	农药化肥	34.28亿	17.45	3.51	88589	0.00	20181205	
28	002163	中航三鑫		10.01	10.11	1.83	11.08	8.04	深圳	装修装饰	81.24亿	303.57	12.04	889933	0.00	20070823	
29	002803	吉宏股份		10.01	42.97	2.93	8.45	2.23	福建	互联网	95.65亿	—	6.51	134901	0.00	20160712	
30	002880	卫光生物		10.01	57.15	2.55	7.00	1.62	深圳	生物制药	92.50亿	73.06	6.26	36135	0.00	20170616	
31	603638	艾迪精密		10.01	35.28	1.90	1.00	5.99	山东	专用机械	211.26亿	61.45	10.12	55699	0.00	20170120	
32	300595	欧普康视		10.01	60.56	1.43	2.18	6.07	安徽	医疗保健	367.57亿	242.00	26.66	93982	0.00	20170117	
33	002970	锐明技术	N	10.01	59.27	2.54	20.88	1.73	深圳	通信设备	102.42亿	165.67	7.34	90218	0.00	20191203	
34	605168	三人行		10.00	140.58	0.94	0.39	0.69	陕西	互联网	97.09亿	—	6.91	680	0.00	20200528	
35	603157	拉夏贝尔		10.00	3.74	1.74	17.24	5.48	上海	服饰	12.45亿	—	2.21	251327	0.00	20170925	

图6-3 2020年6月4日的沪深行情涨幅排行榜

第三步：将搜索目标转移到"量比榜"。量比要求大于3%且越大越要引起关注，这说明主力投入的资金更多，向上做盘的欲望更强。然后将第一次筛选出的三只个股拿来进行排名比较，确认它们是否也同时在"量比榜"的首版，如果没有则立即剔除，这说明主力不是用实力而是用技巧将该股打到"涨幅榜"首版。此时，只有江西长运（600561）（序号7）以及江苏北人（688218）（序号13）也同时出现在"量比榜"首版，立即将洪泉物联（688288）剔除，满足条件的剩余两只股票进入下一步。图6-4为2020年6月4日沪深行情量比排名榜。

第四步：打开江苏北人（688218）以及江西长运（600561）的日K线界面，利用前述"循环理论"观察目标个股是否处于筑底阶段末期或上升阶段初期，

	代码	名称	·	涨幅%	现价	量比↓	换手%	总股本(亿)	地区	细分行业	AB股总市值	市盈(动)	市净率	总量	涨速%	上市日期	说明
1	002986	宇新股份	N	-1.37	62.48	139.39	47.22	1.13	湖南	化工原料	70.81亿	65.21	3.52	133813	0.02	20200602	
2	000679	*ST友谊		-4.92	3.48	36.14	3.16	3.56	辽宁	百货	12.40亿	–	2.29	112747	0.00	19970124	
3	002496	*ST辉丰		-5.07	2.62	10.11	4.33	15.08	江苏	农药化肥	39.50亿	–	1.46	419783	0.00	20101109	
4	002314	南山控股		1.24	3.27	8.61	7.83	27.08	深圳	区域地产	88.54亿	–	1.06	890302	0.62	20091203	
5	603398	邦宝益智		7.01	10.08	8.26	10.56	2.96	广东	文教休闲	29.88亿	98.10	3.99	313033	0.00	20151209	
6	600037	歌华有线	R	3.13	12.85	7.98	10.02	13.92	北京	影视音像	178.84亿	232.20	1.33	139.4万	0.39	20010208	
7	600561	江西长运		10.02	5.16	7.92	7.13	2.37	江西	公共交通	12.23亿	–	1.21	169072	0.00	20020716	
8	600162	香江控股	R	9.95	2.32	7.18	3.49	33.96	深圳	全国地产	78.78亿	–	1.47	118.4万	0.00	19980609	
9	300654	世纪天鸿		-10.01	13.39	6.75	15.09	1.40	山东	出版业	18.75亿	–	4.01	98883	0.00	20170926	
10	000929	兰州黄河		6.98	7.66	6.69	14.43	1.86	甘肃	啤酒	14.23亿	–	2.15	267966	0.52	19990623	
11	603269	海鸥股份		4.03	14.46	6.18	7.94	0.91	江苏	机械基件	13.23亿	–	1.95	72660	-0.33	20170517	
12	600186	莲花健康		5.66	2.80	5.79	4.03	13.80	河南	食品	38.64亿	77.69	11.95	555526	0.36	19980825	
13	688218	江苏北人	K	12.52	30.28	5.69	25.42	1.17	江苏	专用机械	35.53亿	–	4.28	65568	0.53	20191211	
14	601330	绿色动力		5.63	9.95	5.60	11.99	11.61	深圳	环境保护	75.31亿	30.60	3.41	306642	-0.19	20180611	
15	002942	新农股份		10.01	28.57	5.59	22.65	1.20	浙江	农药化肥	34.28亿	17.45	3.51	88589	0.00	20181205	
16	600166	福田汽车	R	1.52	2.01	5.50	3.95	[illegible]	[illegible]	汽车整车	132.16亿	–	0.89	259.8万	0.00	19980602	
17	300095	华伍股份		7.52	8.01	5.49	3.17	[illegible]	[illegible]	机械基件	30.33亿	30.84	2.45	356001	-0.24	20100728	
18	300488	恒锋工具		9.99	16.73	5.09	5.87	[illegible]	[illegible]	机械基件	27.72亿	112.09	2.70	29316	0.00	20150701	
19	603922	金鸿顺		-10.00	16.65	5.09	17.56	1.28	江苏	汽车配件	21.31亿	–	2.08	56179	0.00	20171023	
20	603766	隆鑫通用	R	5.29	4.18	5.02	5.40	20.54	重庆	摩托车	85.84亿	20.21	1.22	110.9万	0.97	20120810	
21	002344	海宁皮城	R	9.92	5.43	5.02	12.01	12.83	浙江	商品城	69.65亿	26.29	0.92	153.2万	0.00	20100126	
22	300534	陇神戎发		-4.01	6.22	4.83	7.40	3.03	甘肃	中成药	18.87亿	2255.87	2.58	221465	0.00	20160913	
23	603101	汇嘉时代		9.95	9.50	4.78	11.97	3.36	新疆	百货	31.92亿	159.75	2.30	402278	0.11	20160506	
24	000530	冰山冷热		6.29	3.72	4.77	4.55	8.43	辽宁	机械基件	31.37亿	–	0.94	272691	-0.26	19931208	
25	000587	*ST金洲		5.26	1.00	4.69	10.11	21.24	黑龙江	批发业	21.24亿	–	31.91	122.6万	3.09	19960425	
26	002448	中原内配		2.92	5.29	4.66	3.99	6.07	河南	汽车配件	32.13亿	20.37	1.19	187730	0.00	20100716	
27	300174	元力股份	R	2.45	17.16	4.61	2.01	2.45	福建	化工原料	42.01亿	49.44	5.95	48660	0.70	20110201	
28	002381	双箭股份		6.82	9.08	4.60	6.06	4.12	浙江	橡胶	37.37亿	17.49	2.04	159105	-0.21	20100402	
29	000056	皇庭国际		4.34	3.61	4.52	2.11	11.75	深圳	房产服务	42.40亿	351.86	0.78	190876	0.00	19960708	
30	600185	格力地产	R	0.97	11.47	4.50	15.68	20.61	广东	区域地产	236.41亿	106.46	2.99	323.2万	1.24	19990611	
31	600568	*ST中珠		4.76	1.10	4.40	6.77	19.93	湖北	区域地产	21.92亿	–	0.60	105.9万	0.00	20010518	
32	002513	*ST蓝丰		3.91	3.99	4.40	2.48	3.40	江苏	农药化肥	13.57亿	–	1.21	78119	0.00	20101203	
33	300071	华谊嘉信		4.41	2.37	4.35	10.47	6.71	北京	广告包装	15.91亿	–	26.86	668781	-0.41	20100421	
34	002654	万润科技		-4.59	5.20	4.32	16.63	8.81	深圳	互联网	45.82亿	–	2.28	110.1万	1.76	20120217	
35	002095	生意宝	R	-3.79	20.84	4.25	6.69	2.53	浙江	互联网	52.67亿	207.07	5.90	168286	0.19	20061215	

量比排名

图 6－4　2020 年 6 月 4 日沪深行情量比排名榜

立即剔除不符合前述阶段的股票，符合条件的查看其 5 日均线是否正在带量上扬，前期是否出现一组止跌 K 线，今日该股是否是短线第一次放量。如果是，立即进行进入下一步。观察得知，只有江西长运（600561）符合上述条件。此时，马上剔除江苏北人（688218）并立即进入下一步。图 6－5 为江西长运（600561）2020 年 2 月 25 日至 6 月 4 日的日 K 线界面图。

最后确定：只有江西长运（600561）同时满足前述所有步骤的所有条件。此时，立即打开江西长运（600561）的周 K 线图表。观察发现，该股周 K 线图表中的 KDJ 指标刚刚低位金叉，且处于筑底阶段末期。至此，可以立即确定该目标股票已经具备短线展开攻击的条件，它可能是一只短线黑马股。图 6－6 为江西长运（600561）2019 年 2 月 1 日至 2020 年 6 月 4 日的周 K 线界面。

早盘 10 点 57 分，该股盘口价格线出现缩量回落，并在均价线上的前高处获得支撑时，可即刻介入。介入不久，该股便直线涨停，截至当天收盘，获利幅度高达 6%。中线来看，由于该股周 K 线形态良好，因此，即使后续短线有所回撤，也大可不必过于紧张；如果严格按照短线操作的话，后续如果该股的 5 日均线一

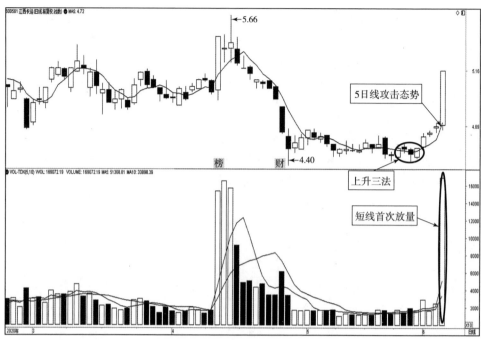

图 6－5　江西长运（600561）2020 年 2 月 25 日至 6 月 4 日的日 K 线界面图①

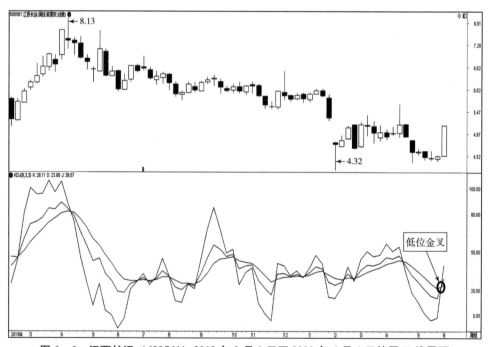

图 6－6　江西长运（600561）2019 年 2 月 1 日至 2020 年 6 月 4 日的周 K 线界面

①　图中"上升三法"的有关内容，详见拙作《炒股实战技法》，北京：中国宇航出版社。

旦走平，失去短线向上攻击的能力，则必须无条件按计划展开实战保护操作，不能抱有一丝一毫的侥幸和幻想，做到这一点是临盘即时狙击短线黑马的根本前提。图 6 - 7 为江西长运（600561）2020 年 6 月 4 日的盘口界面图。

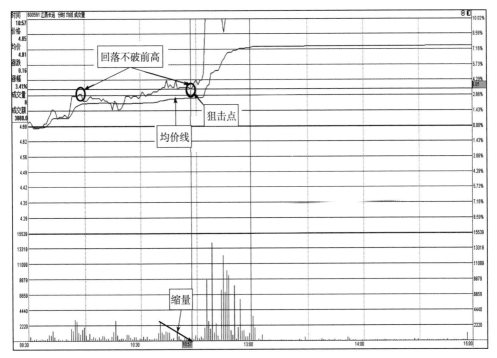

图 6 - 7　江西长运（600561）2020 年 6 月 4 日的盘口界面图

第三节　买点捕捉

具备了高超的看盘和操盘技巧仅仅是迈向成功的第一步，而能够不受任何干扰地进行精彩的实战才是取得成功的关键所在。只有严格按照纪律进行高质量的规范化专业操作，才能将树上已经成熟的美好果实采摘下来，放入自己的口中，细细地品尝这必然的成功带给自己的喜悦。本节将介绍短线黑马的买点。

一、狙击目标

在确定狙击目标前，有必要再次强调什么样的股票是绝对不能买进的。请牢牢记住：处于筑顶阶段的股票绝对不能买进，处于下跌阶段的股票绝对不能买进，哪怕有万千的买进理由。千万不要因为蝇头小利的诱惑而进行非职业水准的买进操作。切记！

以上是保障您不被套牢，掉入赚小钱亏大钱泥淖的"钢铁长城"。请牢牢记住，如果您手中持有处于筑顶阶段的股票，必须立刻无条件卖出，不要幻想出货在更高的价位；如果您手中持有处于下跌阶段的股票，必须坚决卖出，绝对不要幻想反弹再出货。如此，才能使您保留能够持续战斗的本钱。相反，如果您手中持有处于筑底阶段的股票，绝对不能卖出；持有处于上升阶段的股票，也绝对不能卖出。千万不要这山望着那山高，展开随意的调仓换股操作。只要该股票已经有主力在有计划、有预谋地运作，那么它的上涨就是迟早的事。赚钱需要耐心等待。投资＝投入资本＋投入时间，因此，除了投入本金外，时间也是一种投入。

二、短线买点

（一）一次买点

目标个股处于筑底阶段末期，以 5 日均线为依托，股价放量突破，量能越大越好，说明主力彻底扫盘的决心更大，此时，当日盘口的任何一次回调低点，都是实战介入的最佳买点，操作上切忌优柔寡断地挂单买入，要坚决一步到位地以市价买入或挂高价主动买入。

（1）图 6-8 为梦洁股份（002379）2019 年 12 月至 2020 年 6 月的日 K 线界面图。从图中可以看到，2020 年 4 月末 5 月初，股价在经过一段时间的缩量筑底后，中线 30 日均线开始走平并拐头向上，KDJ 指标低位金叉，该股进入短线狙击范围，应耐心等待"一次买点"的出现。5 月 8 日，该股突然放量拉升，5 日均线开始陡峭起来，当日，可在盘口找低点果断介入，结果当天即以涨停价报收。次日股价陷入震荡，尾盘高收。观察盘面可知，该股虽有单日震荡的现象，

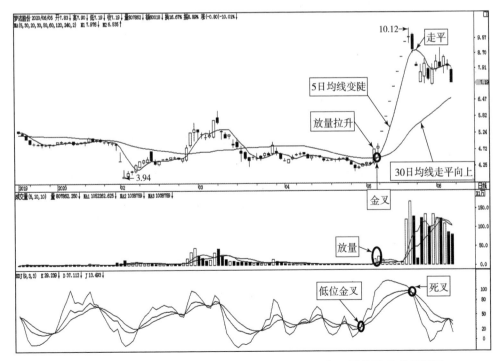

图 6-8 梦洁股份（002379）2019 年 12 月至 2020 年 6 月的日 K 线界面图

但 5 日均线与 30 日均线却恰于该日金叉，且两线呈向上攻击态势，量能持续放大，指标健康向上，应坚决持有。此后该股出现连续涨停板，最高涨至 10.12 元，从介入当天的最低价 4.26 元起算，顺利实现翻倍。见最高价次日，股价出现大跌，5 日均线走平，且 KDJ 指标高位死叉，此时，短线选手应果断退出，切不可恋战。

（2）图 6 - 9 为浙江东日（600113）2020 年 2 月至 2020 年 6 月的日 K 线界面图。从图中可以看到，2020 年 5 月末，股价在经过一段时间的缩量筑底后，中期均线 30 日均线开始走平并拐头向上，并伴随着 KDJ 指标的低位金叉，随即该股进入短线狙击范围，此刻只需耐心等待"一次买点"的出现。6 月 8 日，该股突然放量拉升，5 日均线出现陡峭攻势，且 5 日均线与 30 日均线于该日实现金叉。当日，可在盘口找低点果断介入。该股当天即大涨 4.49%，其后几日，股价出现连续大幅上扬，应坚决持有。6 月 4 日该股最高涨至 8.49 元，次日股价出现跌停，但此时除了指标接近死叉外，短期 5 日均线与中期 30 日均线均仍旧呈现攻击态势，短线选手可观察 1 至 2 个交易日后再做定夺。

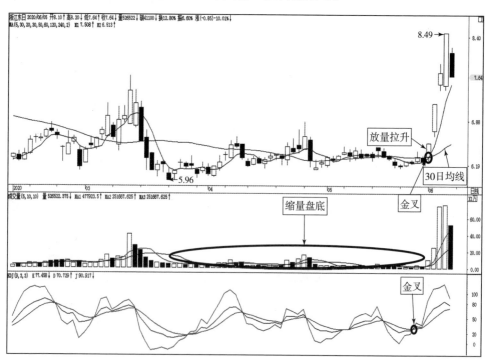

图 6 - 9　浙江东日（600113）2020 年 2 月至 2020 年 6 月的日 K 线界面图

（3）图 6 – 10 为百大集团（600865）2020 年 2 月至 2020 年 6 月的日 K 线界面图。从图中可以看到，2020 年 5 月末，股价在经过一段时间的缩量盘底后，30 日均线开始走平且拐头向上，并伴随着 KDJ 指标的低位金叉，此时，该股进入我们的短线狙击视野，应耐心等待"一次买点"的出现。5 月 29 日，该股突然温和放量拉升，5 日均线出现陡峭攻势，且 5 日均线与 30 日均线于该日实现金叉，当天，可在盘口寻找低点果断介入。其后，该股股价短线出现连续大幅上扬，此时应坚决持有。6 月 4 日该股最高涨至 8.99 元，次日股价出现跌停，但此时除了指标高位死叉外，短期 5 日均线与中期 30 日均线均仍旧呈现出攻击态势，短线上可选择出掉半仓，观察 1 至 2 个交易日再做定夺。

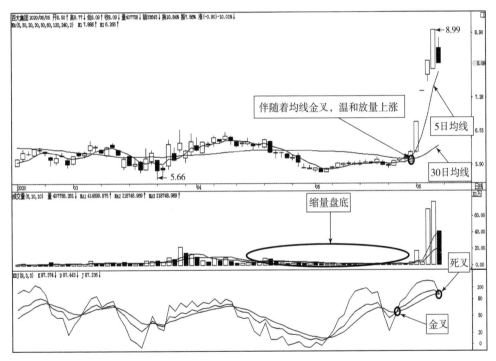

图 6 – 10　百大集团（600865）2020 年 2 月至 2020 年 6 月的日 K 线界面图

（4）图 6 – 11 为天药股份（600488）2019 年 8 月至 2020 年 2 月的日 K 线界面图。从图中可以看到，2019 年 12 月中旬，股价在经过一段时间的缩量筑底后，中期均线 30 日均线开始走平并拐头向上，此时可果断将该股纳入短线狙击范围。此后该股一直不瘟不火，量能未能有效放大，直到 2020 年 1 月 21 日这天，突然出现暴量拉升。当天 5 日均线出现陡峭上扬，30 日均线亦健康向上，KDJ 指标实现金叉，短线选手应在当日果断找低点介入。介入当天该股涨逾 6%，次日出现缩量回荡，但观察 5 日均线仍继续陡峭上行，应不为震仓所动，坚决持有。至 2020 年 2 月 6 日，该股最高涨至 6.13 元，此时距离起爆点的涨幅达 40%。

图 6-11　天药股份（600488）2019 年 8 月至 2020 年 2 月的日 K 线界面图

（二）二次买点

股价处于上升阶段的初中期，每一次缩量回档至 5 日均量线下方，股价依托 5 日均线再次带量上扬时为 "二次买点"，当日盘口的每一次回落都是进行精准狙击的大好机会。

（1）图 6-12 为晨丰科技（603685）2020 年 3 月至 6 月的日 K 线界面图。从图中可以看到，该股在 4 月末至 5 月中旬经历了一波小幅拉升，然后展开缩量回档至 5 日均量线下方。5 月 27 日该股重新放量拉升，5 日均线由走平转为向上，股价重新站上 5 日均线，该日可在盘口找低点介入。此后该股出现了一波更为凌厉的升势，至笔者截稿的 6 月 18 日，该股最高涨至 20.19 元，从介入当天起算，累计涨幅近 50%。

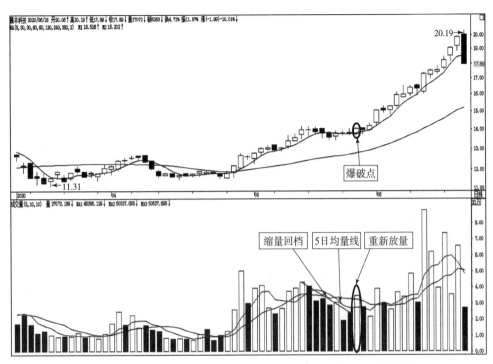

图 6 - 12　晨丰科技（603685）2020 年 3 月至 6 月的日 K 线界面图

（2）图 6 - 13 为奥翔药业（603229）2020 年 4 月至 6 月的日 K 线界面图。从图中可以看到，该股在 5 月上旬出现了一波小幅拉升，然后展开缩量回档至 5 日均量线下方，6 月 4 日该股重新放量拉升，5 日均线由向上转为陡峭，该日可在盘口找低点果断介入。此后该股出现了一波更为凌厉的升势，至笔者截稿的 6 月 18 日，该股最高涨至 81. 10 元，从二次买入点起算，仅仅 9 个交易日，累计涨幅逾 60%。

（3）图 6 - 14 为仙乐健康（300791）2020 年 4 月至 6 月的日 K 线界面图。从图中可以看到，该股在 4 月末至 5 月上旬出现了一波小幅拉升，然后展开缩量回档至 5 日均量线下方，5 月 29 日该股二次放量拉升，5 日均量线与 10 日均量线二次金叉，5 日均线则由走平转为陡峭向上，且股价重新站上 5 日均线，该日可在盘口找低点积极介入，介入当日便收获涨停板。此后，该股出现了一波更为凌厉的爆炸性上升走势，至笔者截稿的 6 月 18 日，该股最高涨至 73. 85 元，从介入当天起算，累计涨幅逾 80%。

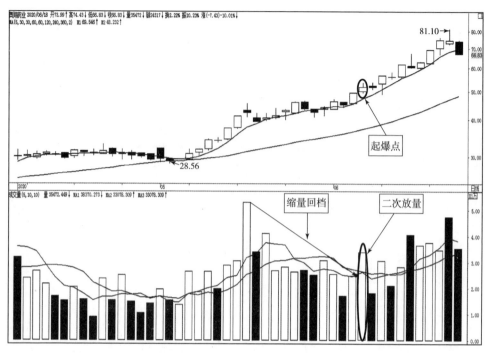

图 6-13　奥翔药业（603229）2020 年 4 月至 6 月的日 K 线界面图

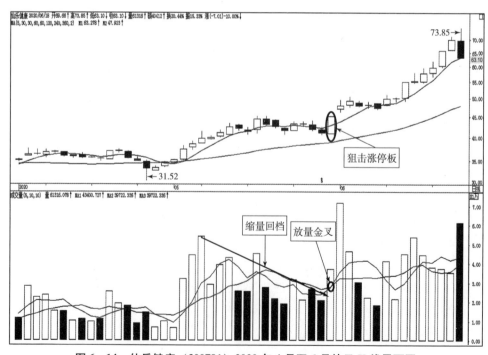

图 6-14　仙乐健康（300791）2020 年 4 月至 6 月的日 K 线界面图

第四节 卖点捕捉

针对处在盘底和上升阶段的股票，在卖出操作上，我们坚持的是"谨慎离场"原则。技术上没有充分卖出依据的操作行为是普通操盘手的致命伤。凭借小聪明和自以为是的市场感觉就随便展开操作，是职业短线操盘手之大忌。绝对不能简单地认为一只股票涨得高、涨得好就应该卖出，涨得高说明它表现好。你总不能因为一个员工表现好就将其开除吧？这样的员工我们应该更加重用才对！我们的任何一次卖出操作都必须具备充分的理由。

与此相反，针对处在筑顶以及下跌阶段的股票，在卖出操作上，我们坚持的是"果断离场"原则。股价所处循环阶段不同，离场时所执行的标准严格程度也就不同。处在上升阶段的股票离场时要完全执行标准，也就是说，必须各项条件都符合交易系统设定的离场标准，才可以离场；而对于处在筑顶及下跌阶段的股票，离场时可不必完全执行标准，即只要有离场信号出现，投资者就可择机离场。

一、头部卖点

处于筑顶阶段的股票。一旦出现顶部 K 线信号、跌破上升趋势线、顶部反转技术形态、跌破支撑、指标死叉或背离、遇阻回落等见顶或看跌信号之一就可以择机离场，最晚也要在 5 日均线与 30 日均线死叉时出逃。

图 6－15 为兰州黄河（000929）2019 年 1 月至 5 月的日 K 线界面图。从图中可以看到，该年度 4 月中下旬，在经过一段时间的头部盘整后，该股中线 30 日均线开始走平，并有拐头向下的迹象，伴随着 MACD 指标绿柱的加长，该股进入短线卖出范围。4 月 25 日，该股突然放量跌破 5 日均线，5 日均线随即出现陡

峭向下之态势，且5日均线与30日均线即将死叉。该日，稳健的投资者可在盘口找寻高点果断卖出。结果，该股当天即大跌3.06%。随后几日，股价出现连续大幅下跌，没有出清仓位的投资者，最迟应在4月30日，5日均线与30日均线出现死叉的时候卖出。至5月6日，该股最低跌至7.42元，此时距离头部高点9.40元已经跌去21%。

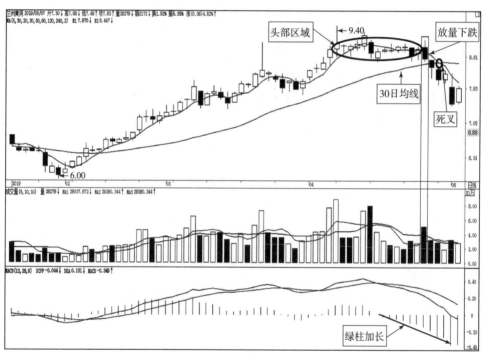

图6-15　兰州黄河（000929）2019年1月至5月的日K线界面图

二、逃命卖点

　　处于下跌阶段的股票，必须全线清仓离场。在下降通道中，每一次股价反弹到30日（周）均线附近，再次调头向下时，均是套牢盘最后的逃命机会，至于是按30日均线还是按30周均线来操作，要依照自己的操作级别来定。

　　当然，笔者不提倡在下跌阶段中持股。无论多有名的股评师如何叫嚣大行情，我们都要根据市场所处的循环阶段去判定。这一方法可以用来指导那些在下跌阶段中持股被套牢的投资者减少损失，保留在下波行情报仇雪恨的实力。俗话说得好："留得青山在不怕没柴烧。"

（1）图6－16为南宁百货（600712）2019年12月至2020年6月的日K线界面图。从图中可以看到，该股这一时期都处在下降通道之中，股价每一次反弹到30日均线，再次调头向下的时候，都是减少损失的最后逃命机会。

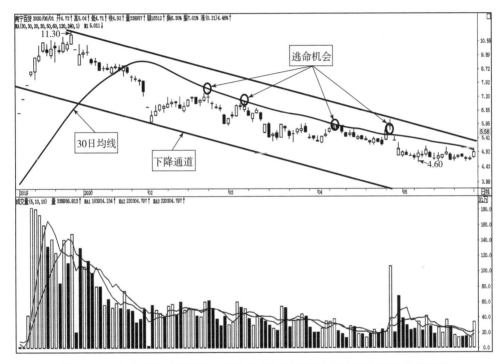

图6－16　南宁百货（600712）2019年12月至2020年6月的日K线界面图

（2）图6－17为上证指数（000001）1992年5月至11月的日K线界面图。从图中可以看到，上证指数于当年7月13日跌破30日均线后，就再未站上过30日均线，30日均线一路向下压制着大盘，大盘此时处于明显的下跌阶段，"空仓待机"是我们一切行动的指南。当指数每次反弹到30日均线附近时，都是出逃的最好时机，被套资金应积极出货，力求减少损失，保留实力，等待时机报仇雪恨。

（3）图6－18为金亚退（300028）2015年3月至2020年6月的周K线界面图。从图中可以看到，该股自2016年4月初跌破30周均线，进入股价循环的下跌阶段后，就再也没有踏上过30周均线，并且30周均线在漫长的下跌通道中，

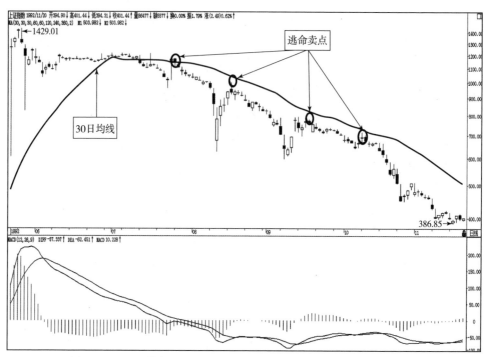

图 6 - 17　上证指数 （000001） 1992 年 5 月至 11 月的日 K 线界面图

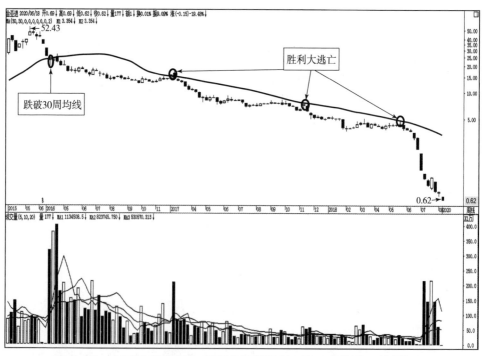

图 6 - 18　金亚退 （300028） 2015 年 3 月至 2020 年 6 月的周 K 线界面图

成为该股股价的"高压线"。值得留意的是，该股股价在 2018 年 5 月最后一次触碰 30 周均线后，正式进入退市阶段。如果持有该股的投资者能选择在最后一次触碰"高压线"时离场，那将是一次真正的"胜利大逃亡"。

读书至此，相信您已经初步完成了一轮短线操盘手精神境界的日出。在短线操盘中，投资者还必须做到执行计划有决心、临盘进出有狠心。耐心、细心、决心、狠心，四心具备，您就可以在股票市场策马扬鞭，去追求更大的辉煌了。

第五节 综合捕捉

所谓综合捕捉，即多周期联动综合研判，是指通过对大盘以及个股的月线、周线及日线等进行全方位多维度综合研判后得出的最佳买点。接下来，我们将以案例的形式，将精彩的研判过程展现给投资者朋友。

一、大盘背景

（一）月线

月线形态将以更加长远的眼光来构筑大盘展开行情的基础条件。图 6 – 19 为上证指数（000001）2015 年 4 月至 2019 年 1 月的月 K 线界面图。从图中可以看到，2018 年末，大盘月线处于明显的下跌阶段末期、上升阶段初期。因而，此时大盘立即展开大行情的市场基础并不存在。但是大盘月线经过长期连续暴跌后，短期乖离率已经偏大，月 KDJ 指标即将金叉，随时将有反弹展开，此时我们可以将目光聚焦于比大盘强势的股票中，能够在大盘的暴跌中特立独行的股票，一定有最凶悍的资金在进行运作。

（二）周线

图 6 – 20 为上证指数（000001）2017 年 10 月至 2019 年 1 月的周 K 线界面图。从图中可以看到，2018 年 1 月，大盘最高摸到 3587 点以后一路下行，大盘的 30 周均线始终如大山一般层层压制着企图产生的任何反弹。再次证明，只要30 周均线朝下，处于周线级别的下跌阶段中，大行情的展开只能是不切实际的幻想，在此过程中，所有日线级别的上涨都只能定性为"反弹"而非"反转"。"快进快出"是操作行为的主基调，绝对不应抱有过高的期望，大盘的走势要好

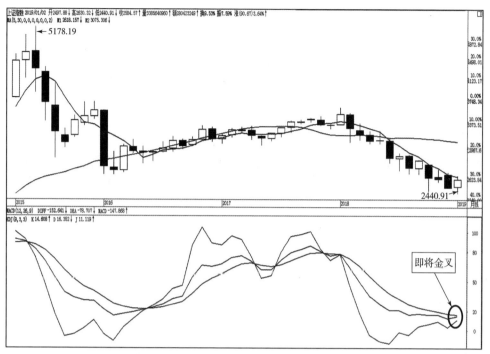

图 6-19   上证指数（000001）2015 年 4 月至 2019 年 1 月的月 K 线界面图

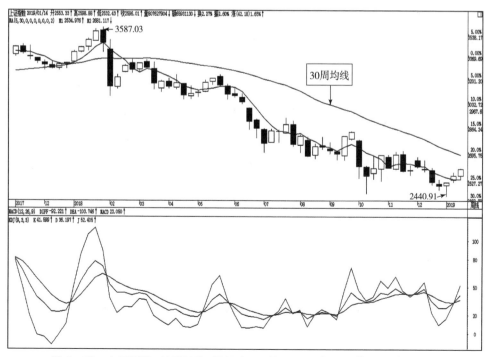

图 6-20   上证指数（000001）2017 年 10 月至 2019 年 1 月的周 K 线界面图

转，必须对30周均线的下压行为进行彻底的瓦解，只有30周均线走平，大盘才具有大行情展开的物质基础和相应的市场条件。

（三）日线

图6-21为上证指数（000001）2018年1月至2019年1月的日K线界面图。从图中可以看到，2019年1月初，大盘日K线图表的30日均线开始由朝下逐渐走平，充分说明此时大盘日线级别处于下跌阶段末端及筑底阶段初期，由于短期乖离偏大，反弹的展开已指日可待，此时，我们应该积极准备介入图表形态完美的短线黑马股。

图6-21　上证指数（000001）2018年1月至2019年1月的日K线界面图

（四）研判

综合大盘月周日图表形态，我们对大盘中短期走向做出如下判断：月线处于下跌阶段末期、筑底阶段初期，暂时不具备发动大行情的基础条件，同时由于月线短期乖离偏大，有随时展开月线级别反弹的可能性；周线在经历了5浪下跌后，做空动能得到了有效的消化，周线已经结束下跌阶段，进入筑底阶段。由此可知，此处大盘上涨概率大于下跌概率，对于市面上的悲观看空论调应予以警惕。2018 年 10 月 19 日，笔者在个人自媒体上公开呼吁广大投资者看多做多 A 股，判定自 2018 年 10 月 19 日起，A 股正式进入为期一年的筑底阶段，并将由此引发一轮惊天大牛市。[①]

二、黑马狙击

（一）东方通信（600776）

1. 月线

图 6－22 为东方通信（600776）2012 年 8 月至 2018 年 11 月的月 K 线界面图。从图中叵以看到，2018 年 10 月，该股月线收出一根长长的"探水杆"K 线形态，[②] 似有探明底部的味道。此时不要着急，观察下月该股的动向是关键，结

图 6－22　东方通信（600776）2012 年 8 月至 2018 年 11 月的月 K 线界面图

---

① 详见笔者微博@江道波。
② "探水杆"形态的有关内容，详见拙作《炒股实战技法》，北京：中国宇航出版社。

果次月（11月），该股收出一个月线级别的惊天大阳线，一举"吃掉"前期的四根K线，形成"一阳吃四线"的格局。主力对月K线系统如此完美的操控，充分显示占据控盘地位的主力具有非凡的眼光和出类拔萃的控盘艺术。

2. 周线

图6-23为东方通信（600776）2017年9月至2018年11月的周K线界面图。从图中可以看到，该股周线处于筑底结束、上升阶段初期，5周均线继续朝上，30周均线开始走平，MACD指标及KDJ指标均呈现金叉状态，周线上处于非常明确的攻击态势。

图6-23 东方通信（600776）2017年9月至2018年11月的周K线界面图

3. 日线

图6-24为东方通信（600776）2018年10月至2019年3月的日K线界面图。从图中可以看到，截至2018年11月，该股日线处于筑底结束、上升初期的缩量回档阶段，30日均线已经走平并拐头向上。2018年11月26日，该股5日均线再次带量上扬，并伴随着KDJ指标的二次金叉，此时正是此前提到的"二

次买点"的最佳介入时机。①（小图为方框内走势的局部放大。）

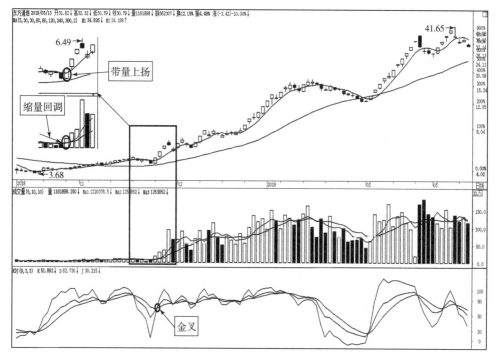

图 6－24　东方通信（600776）2018 年 10 月至 2019 年 3 月的日 K 线界面图

4. 结论

大盘经过连续暴跌后，于 2018 年 10 月 19 日止跌企稳，进入筑底阶段，随后于 11 月展开二次回落，但该股能够提前于大盘表现出攻击欲望，充分说明该股主力急不可耐的情绪，以及操盘手的完美操盘水平。2018 年 11 月 26 日介入该股后，应坚决持有，一路获利，最后该股一路涨至 2019 年 3 月 8 日的 41.65 元才转涨为跌，从介入当天起算，累计涨幅逾 800%。

（二）市北高新（600604）

1. 月线

图 6－25 为市北高新（600604）2014 年 12 月至 2019 年 1 月的月 K 线界面图。从图中可以看到，该股月线图处于最标准的筑底过程的结束期，月 KDJ 指标

---

① 详见本章《买点捕捉》一节。

刚刚低位金叉，30月均线走平，5月均线拐头向上，月线级别上升阶段悄然开始，未来的赚钱机会和空间不可限量。

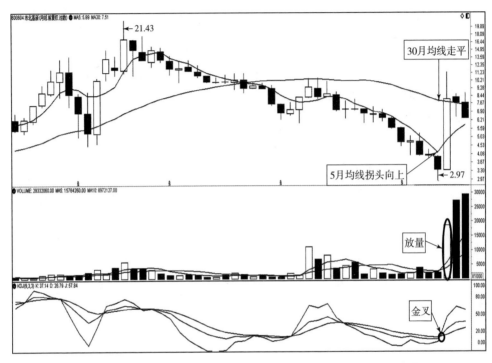

图6-25　市北高新（600604）2014年12月至2019年1月的月K线界面图

2. 周线

图6-26为市北高新（600604）2017年4月至2019年2月的周K线界面图。从图中可以看到，该股30周均线拐头向上，股价ABC三波调整业已结束，此时是最好的周线级别介入机会，未来的上涨空间或将不可限量。

3. 日线

图6-27为市北高新（600604）2018年9月至2019年3月的日K线界面图。从图中可以看到，该股经短暂的筑底后，以横扫一切的姿态突击拔高建仓，这一过程将一部分在底部牢不可破的锁仓筹码全部恫吓出局，但也吸引了一部分跟风盘的介入，有必要进行一次彻底的洗盘，为日后更加疯狂的拉升打好牢固的基础。在经过日线级别"ABC"三段式洗盘后，不久便展开了更加疯狂的拉升，此

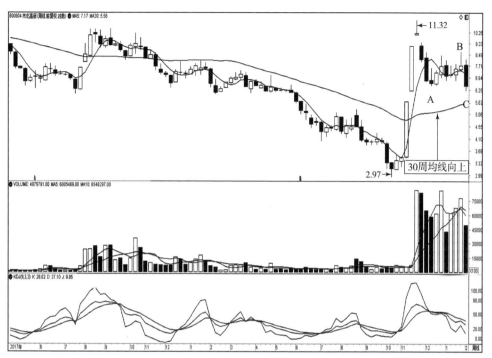

图 6－26　市北高新（600604）2017 年 4 月至 2019 年 2 月的周 K 线界面图

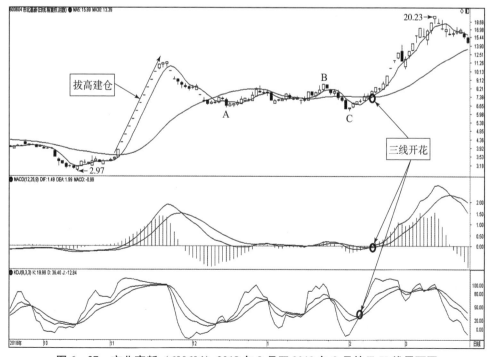

图 6－27　市北高新（600604）2018 年 9 月至 2019 年 3 月的日 K 线界面图

时我们可在"三线开花"时介入,[①] 介入后不要被主力的洗盘行为所迷惑,5 日均线不回头,我们不出局,更何况还有 30 日均线的完美向上做"兜底"保证。说一千道一万,两横一竖就是干!

4. 总结

何谓超级大黑马?市北高新（600604）就是当之无愧的超级大黑马。大盘还处在筑底阶段,该股已经率先进入拉升阶段;大盘筑底完成,该股以 ABC 形式的 2 浪回调完毕;大盘进入上升阶段,该股进入 3 浪主升。因此,投资者不要只关注弱势股,强势股才最有可能成为当之无愧的黑马股。

（三）正邦科技（002157）

1. 月线

图 6 - 28 为正邦科技（002157）2014 年 9 月至 2018 年 12 月的月 K 线界面图。从图中可以看到,该股月 KDJ 指标刚刚低位金叉,MACD 指标也紧随其后实

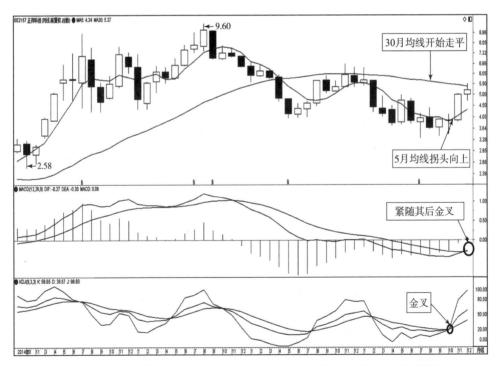

图 6 - 28　正邦科技（002157）2014 年 9 月至 2018 年 12 月的月 K 线界面图

---

① 三线开花,即 MA、MACD 以及 KDJ 同日金叉。

现金叉，5 月均线拐头向上，唯一美中不足的是 30 月均线还未拐头向上，但已经开始走平。凭借以上多头信号之合力共振，[1] 此时我们有理由相信，30 月均线的拐头向上也是迟早的事。

2. 周线

图 6 - 29 为正邦科技（002157）2017 年 9 月至 2019 年 1 月的周 K 线界面图。从图中可以看到，该股 30 周均线拐头向上，并且 5 周均线与 30 周均线实现金叉，MACD 指标呈现出"双龙出水"之态势，[2] KDJ 指标处于强势区间。以上，铸就了该股在大盘下跌阶段中保持顽强上扬的"不坏金身"。

图 6 - 29　正邦科技（002157）2017 年 9 月至 2019 年 1 月的周 K 线界面图

3. 日线

图 6 - 30 为正邦科技（002157）2018 年 9 月至 2019 年 3 月的日 K 线界面图。从图中可以看到，该股 30 日均线始终处于健康向上的状态。面对这样的股票，

---

① "共振"的相关内容，详见拙作《江恩分析原理》，北京：地震出版社。

② 双龙出水，即 DIFF 与 DEA 同时上穿 0 轴。

我们最好的办法就是一路持有，如果您还未上车的话，那么2019年2月11日该股带量突破楔形收敛区间之时，就给了您绝佳的狙击机会。此后该股股价开始暴涨，成交量则呈现出爆炸性增长。[①]

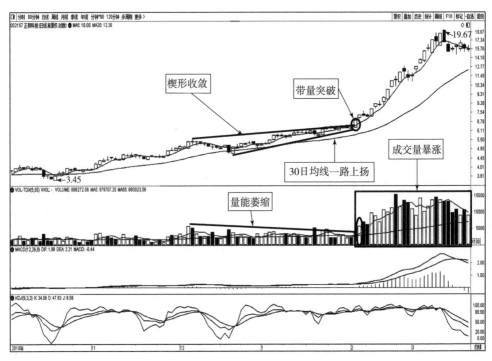

图6-30　正邦科技（002157）2018年9月至2019年3月的日K线界面图

4. 总结

前期大盘经过连续一年的暴跌后，做空动能已经衰竭，将随时展开月线级别的反弹，但还处于反复筑底过程中，此时该股敢于在大盘筑底的时候，率先进入拉升阶段，说明背后操盘资金实力雄厚，志在长远。介入后，应顺风搭车，一路到家。

综上所述，日线级别处于筑底和上升阶段的个股，都是好股票；如果周线、月线也处于筑底或上升阶段则更显完美，说明主力目光远大、实力非凡。这样的股票控盘是艺术，买进是享受。一旦介入这样的股票，没有达到卖出条件，绝对不能临盘胡乱操作。短线操作可以5日均线是否拐头向下为相对标准进行判定。

----

① 爆炸成交量，详见拙作《炒股实战技法》，北京：中国宇航出版社。

中线操作上，只要 30 日均线没有走平，中线方向仍然向上就坚决持仓，千万不要被主力展开的凶狠洗盘假动作所吓倒。像这样的超级黑马，每年都会诞生几只，短线操盘手只要能够抓住一两只就已足够。学会本章狙击黑马技巧，严守操盘纪律，牢牢记住书中这几张图表，反复体会，想必您一定会获得更大的胜利。

第七章

短线龙头

本章摘要：本章详细介绍了什么是龙头股，以及如何通过龙头板块的联动效应来即时捕捉龙头板块中的龙头股。

龙头股是指率先于大盘见底的股票，它的上涨通常能带动同一版块其他股票的上涨，有时，甚至能带动大盘的上涨。它的上涨必须以涨停启动，这样才能激活人气，使人气凝聚，进而激活整个板块。

一、发现龙头

由于某个利好的刺激，某股率先启动，盘口呈现出典型的攻击波形，并带量突破一些重要关口。随后，同一版块的股票，也纷纷效仿，但是从盘口走势来看，跟风股的启动明显要比龙头股晚几分钟，甚至更长时间。

龙头股启动，跟风股闻风而动，跟风股的启动时机明显晚于龙头股；龙头股大涨，跟风股小涨；龙头股小幅调整，跟风股大幅震荡或下跌。这是什么原因？因为龙头股是先知先觉的主力资金率先介入的股票，而跟风股是后知后觉的跟风资金介入的股票，跟风资金看到龙头股已经大涨，放弃追涨龙头股，退而求其次，跟风炒作同一版块的其他未大涨或还未启动的股票。因此，龙头股与跟风股不仅存在时间差，其背后运作的资金也存在根本性的区别。

二、板块轮动

追随热点循环，捕捉板块轮动，是短线操作的一种主流思路。价值投资者选择坚守，而职业短线操盘手必须紧跟板块轮动的节奏，必须有信心、有能力做到既不参与热点中的调整，也不放弃调整中的行进！从这一点来看，短线选手要比价值投资者付出更多的时间与精力，才能得到更多的回报。

根据板块的成长性与稳定性，我将所有行业归类为四大板块，如图 7 - 1 所示。

"高增长，很稳定"板块续时间长。2015 年几轮股灾之后，此板块成了重点。2020 年 2 月，此板块的代表贵州茅台一举冲上 2600 元大关，从 2014 年低点翻了 30 多倍；

"高增长，不稳定"板块一般比较猛。近几年以特斯拉为代表的电动车行情站在了时代的风口浪尖，国内的一众电动车也是水涨船高，美国中概股蔚来汽车的成交量已经超过苹果，比亚迪市值也已经超过了宝马；半导体以及 5G 也都是

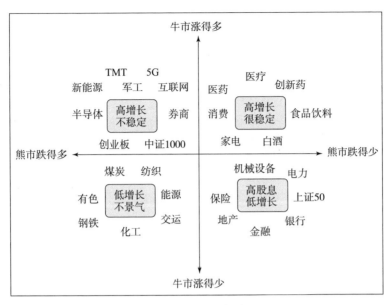

图 7 - 1　板块轮动

大起大落的主，猛涨一波然后又大跌一波，这些都是非常具有代表性的市场热点板块；券商板块更是半年一波，每每给人牛市遐想，结果指数还是在 3000 多点徘徊不前。这个板块一般围绕短期的行业趋势和业绩展开炒作，机构作为炒作的主力军，游资跟风炒作；

　　"低增长，不景气"板块逆袭正当时。随着疫苗接种人群的不断扩大，全球疫情得到了有效控制。经济开始复苏，顺周期的各种化工、有色、煤炭等板块都是立起来涨的节奏。正是应了那句"十年不开张，开张吃十年"；

　　"高股息，低增长"板块用作稳压器。此板块里的保险、地产、银行都是沪市指数的重要权重股，它们一旦起涨，大盘真的想跌都难。此板块其实非常重要，它是市场指数和情绪的核心，外资 QFII 尤其喜欢配置。

三、板块激活

　　如果同一版块，有两只或多只股票涨停，那么，这个版块可能会被激活，这个结果会导致这个版块的持续上涨，进而产生大幅的上涨，在此过程中，龙头股的涨幅将远超出整个版块的涨幅。

政策的利好，国家的产业扶持，市场某类产品的涨价，国外市场某个版块的起动等诸多因素，都有助于龙头股的产生以及整体版块的激活。

如2019年猪肉涨价，导致猪肉概念股大幅飙升，进而带动整个农林牧渔板块出现大涨；2019年年初的5G概念股东方通信（600776）；2020年年中的创业板小盘股炒作潮，造就了天山生物（300313）以及豫金刚石（300064）。2021年秋，由于受煤炭价格上涨的影响，煤炭板块飙升，蓝焰控股（000968）、冀中能源（000937）、华阳股份（600348）、山煤国际（600546）等煤炭板块个股均大幅上涨，这个版块中如此多的个股短期出现大幅上涨，说明这个板块已经被激活，有兴趣的读者可以试着找出这一波煤炭板块行情中的龙头股。

向前推至2017年4月，当年清明小长假期间雄安概念横空出世，节后开市，雄安概念被整体激活。当天整个板块大涨9%，逼近涨停。而当天的龙头股当属冀东装备（000856），以一字涨停板启动，此后该股一路涨至5月份的45.80元才见波段高点，短短1个月的时间涨幅近4倍，如图7-2所示。

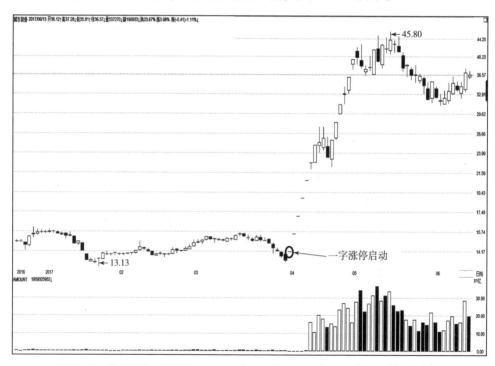

图7-2 冀东装备（000856）2016年12月至2017年6月的日K线界面图

下面我们来看一下板块涨幅排行榜。图 7－3 为 2021 年 10 月 8 日的板块涨幅排行榜。从这个涨幅排行榜中，我们可以看到，排在第一位的是种业板块。

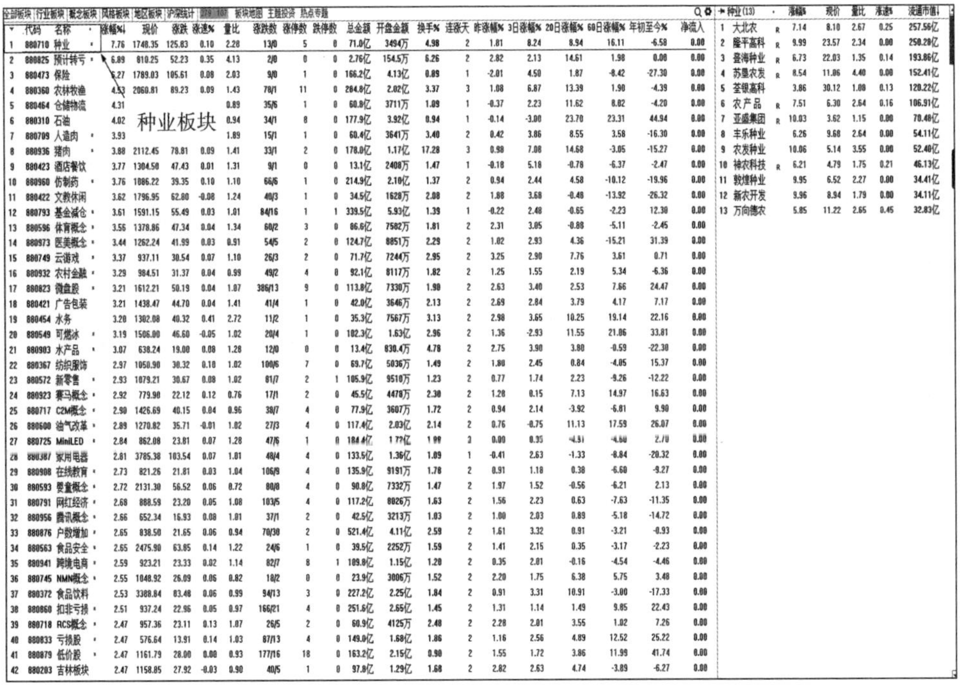

全部板块 行业板块 概念板块 风格板块 地区板块 沪深统计 板块地图 主题投资 热点专题

	代码	名称	涨幅%	现价	涨跌	涨速%	量比	涨跌数	涨停数	跌停数	总金额	开盘金额	换手%	连涨天	昨涨幅%	3日涨幅%	20日涨幅%	60日涨幅%	年初至今%	净流入
1	880710	种业	7.76	1748.35	125.83	0.10	2.28	13/0	5	0	71.0亿	3494万	4.98	2	1.81	8.24	8.94	16.11	-6.58	0.00
2	880825	预计转亏	6.89	810.25	52.23	0.35	4.13	2/0	0	0	2.76亿	154.5万	6.26	2	2.82	2.13	14.61	1.98	0.08	0.00
3	880473	保险	6.27	1789.03	105.61	0.08	2.03	9/0	1	0	166.2亿	4.13亿	0.89	1	-2.01	4.50	1.87	-8.42	-27.30	0.00
4	880360	农林牧渔	4.53	2060.81	89.23	0.09	1.43	78/1	11	0	284.8亿	2.02亿	3.37	3	1.08	6.87	13.39	1.90	-4.39	0.00
5	880464	仓储物流	4.31				0.89	35/6	1	0	60.8亿	3711万	1.09	1	-0.37	2.23	11.62	8.82	-4.20	0.00
6	880310	石油	4.02				0.94	34/1	8	0	177.9亿	3.92亿	0.94	1	-0.14	-3.00	23.70	23.31	44.94	0.00
7	880709	人造肉	3.93				1.89	15/1	1	0	60.4亿	3641万	3.40	2	0.42	3.86	8.55	3.58	-16.30	0.00
8	880936	猪肉	3.88	2112.45	78.81	0.09	1.41	33/1	2	0	178.0亿	1.17亿	17.28	3	0.98	7.08	14.68	-3.05	-15.27	0.00
9	880423	酒店餐饮	3.77	1304.50	47.43	0.01	1.31	9/1	0	0	13.1亿	2408万	1.47	1	-0.18	5.18	-0.78	-6.37	-2.47	0.00
10	880960	仿制药	3.76	1086.22	39.35	0.10	1.10	66/6	1	0	214.9亿	2.10亿	1.37	2	0.94	2.44	4.58	-10.12	-19.96	0.00
11	880422	文教休闲	3.62	1796.95	62.80	-0.08	1.24	40/3	1	0	34.5亿	1628万	2.08	2	1.88	3.68	-0.48	-13.92	-26.32	0.00
12	880793	基金减仓	3.61	1591.15	55.49	0.03	1.01	84/16	1	1	339.5亿	5.93亿	1.39	1	-0.22	2.48	-0.65	-2.23	12.30	0.00
13	880596	体育概念	3.56	1378.86	47.34	0.04	1.34	60/2	3	0	86.6亿	7582万	1.81	2	2.31	3.05	-0.88	-5.11	-2.45	0.00
14	880973	医美概念	3.44	1262.24	41.99	0.03	0.91	54/5	2	0	124.7亿	8851万	2.29	2	1.02	2.93	4.36	-15.21	31.39	0.00
15	880749	云游戏	3.37	937.11	30.54	0.07	1.10	26/3	2	0	71.7亿	7244万	2.95	2	3.25	2.90	7.76	3.61	0.71	0.00
16	880932	农村金融	3.29	984.51	31.37	0.04	0.99	49/2	4	0	92.1亿	8117万	1.82	2	1.25	1.55	2.19	5.34	-6.36	0.00
17	880823	微盘股	3.21	1612.21	50.19	0.04	1.07	386/13	9	0	113.8亿	7330万	1.98	2	2.63	3.40	2.53	7.66	24.47	0.00
18	880421	广告包装	3.21	1438.47	44.70	0.04	1.41	41/4	1	0	42.0亿	3646万	2.13	2	2.69	2.84	3.79	4.17	7.17	0.00
19	880454	水务	3.20	1302.08	40.32	0.41	2.72	11/2	1	0	35.3亿	7567万	3.13	2	2.98	3.65	10.25	19.14	22.16	0.00
20	880549	可燃冰	3.19	1506.00	46.60	-0.05	1.02	20/4	1	0	102.3亿	1.63亿	2.96	2	1.36	-2.93	11.55	21.06	33.81	0.00
21	880903	水产品	3.07	638.24	19.00	0.08	1.28	12/0	0	0	13.4亿	830.4万	4.78	2	2.75	3.90	3.80	-0.59	-22.30	0.00
22	880367	纺织服饰	2.97	1050.90	30.32	0.10	1.02	100/6	7	0	69.7亿	5036万	1.49	2	1.80	2.45	0.84	-4.05	15.37	0.00
23	880572	新零售	2.93	1079.21	30.67	0.08	1.02	81/7	2	1	105.9亿	9510万	1.23	2	0.77	1.74	2.23	-9.26	-12.22	0.00
24	880923	赛马概念	2.92	779.90	22.12	0.12	0.76	17/1	2	0	45.5亿	4478万	2.30	2	1.28	0.15	7.13	14.97	16.63	0.00
25	880717	C2M概念	2.90	1426.69	40.15	0.04	0.96	38/7	4	0	77.9亿	3607万	1.72	2	0.94	2.14	-3.92	-6.81	9.90	0.00
26	880600	油气改革	2.89	1270.82	35.71	-0.01	1.02	27/3	4	0	117.4亿	2.03亿	2.14	2	0.76	-0.75	11.13	17.59	26.07	0.00
27	880725	MiniLED	2.84	862.08	23.81	0.07	1.28	47/6	1	0	184.4亿	1.72亿	1.99	3	0.00	0.35	-4.91	-4.60	2.70	0.00
28	880387	家用电器	2.81	3785.38	103.54	0.07	1.01	48/4	4	0	133.5亿	1.36亿	1.09	1	-0.41	2.63	-1.33	-8.84	-20.32	0.00
29	880908	在线教育	2.73	821.26	21.81	0.03	1.04	106/9	4	0	135.9亿	9191万	1.78	2	0.91	1.18	0.38	-6.60	-9.27	0.00
30	880593	婴童概念	2.72	2131.30	56.52	0.06	0.72	80/8	4	0	90.8亿	7332万	1.47	2	1.97	1.52	-0.56	-6.21	2.13	0.00
31	880791	网红经济	2.68	888.59	23.20	0.05	1.08	103/5	4	0	117.2亿	8026万	1.63	2	1.56	2.23	0.63	-7.63	-11.35	0.00
32	880956	腾讯概念	2.66	652.34	16.93	0.08	1.01	37/1	2	0	42.5亿	3213万	1.03	2	1.00	2.03	0.89	-5.18	-14.72	0.00
33	880876	户数增加	2.65	838.50	21.65	0.06	0.94	70/30	2	0	521.4亿	4.11亿	2.59	2	1.61	3.32	0.91	-3.21	-0.93	0.00
34	880563	食品安全	2.65	2475.90	63.85	0.14	1.22	24/6	1	0	39.5亿	2252万	1.59	2	1.41	2.15	0.35	-3.17	-2.23	0.00
35	880941	跨境电商	2.59	923.21	23.33	0.02	1.14	82/7	8	1	109.8亿	1.15亿	1.20	2	0.35	2.01	-0.16	-4.54	-4.46	0.00
36	880745	NMN概念	2.55	1048.92	26.09	0.06	0.82	18/2	0	0	23.9亿	3006万	1.52	2	2.20	1.75	6.38	5.75	3.48	0.00
37	880372	食品饮料	2.53	3388.84	83.48	0.06	0.99	94/13	3	0	227.2亿	2.25亿	1.84	2	0.91	3.31	10.91	-3.00	-17.33	0.00
38	880860	扣非亏损	2.51	937.24	22.96	0.05	0.97	166/21	4	0	251.6亿	2.65亿	1.45	2	1.31	1.14	1.49	9.85	22.43	0.00
39	880718	RCS概念	2.47	957.36	23.11	0.13	1.07	26/5	2	0	60.9亿	4125万	2.48	2	2.28	2.01	3.55	1.02	7.26	0.00
40	880833	亏损股	2.47	576.64	13.91	0.14	1.03	87/13	4	0	149.0亿	1.68亿	1.86	2	1.16	2.56	4.89	12.52	25.22	0.00
41	880879	低价股	2.47	1161.79	28.00	0.00	0.93	177/16	18	0	163.2亿	2.15亿	0.90	2	1.55	1.72	3.86	11.99	41.74	0.00
42	880203	吉林板块	2.47	1158.85	27.92	-0.03	0.90	40/5	1	0	97.8亿	1.29亿	1.68	2	2.82	2.63	4.74	-3.89	-6.27	0.00

种业板块

	种业(13)		涨幅%	现价	量比	涨速%	流通市值
1	大北农	R	7.14	8.10	2.67	0.25	257.56亿
2	隆平高科	R	9.99	23.57	2.34	0.00	250.28亿
3	登海种业	R	6.73	22.03	1.35	0.14	193.86亿
4	苏垦农发	R	8.54	11.06	4.40	0.00	152.41亿
5	荃银高科		3.86	30.12	1.08	0.13	120.22亿
6	农产品	R	7.51	6.30	2.64	0.16	106.91亿
7	亚盛集团	R	10.03	3.62	1.15	0.00	70.48亿
8	丰乐种业		6.26	9.68	2.64	0.00	54.11亿
9	农发种业		10.06	5.14	3.55	0.00	52.40亿
10	神农科技	R	6.21	4.79	1.75	0.21	46.13亿
11	敦煌种业		9.95	6.52	2.27	0.00	34.41亿
12	新农开发		9.96	8.94	1.79	0.00	34.11亿
13	万向德农		5.85	11.22	2.65	0.45	32.83亿

图 7－3　2021 年 10 月 8 日的板块涨幅排行榜

如何从涨幅榜中快速选出龙头股呢？龙头股的选择要遵循以下原则：

①盘口涨停；

②封单理想；

③形态良好；

④循环低位。

下面我们着重分析一下种业版块中几只极具龙头潜力的个股。首先我们把当天盘口涨停的股票找出来，分别是农发种业（600313）、亚盛集团（600108）、隆平高科（000998）、新农开发（600359）、敦煌种业（600354）。

（一）农发种业（600313）

图 7－4 为农发种业（600313）2021 年 10 月 8 日的盘口走势图。从图中可以看到，早盘量比维持在较高水平，9：48 达到峰值后呈现缓慢的下行态势，股价

高开高走，在均价线之上稳步上行。股价在上涨，量比同时上行，量价配合理想。14：31股价加速上行，收盘封成比（封单量/成交量）为0.003，封成比很小，由此可知次日平开概率较大。

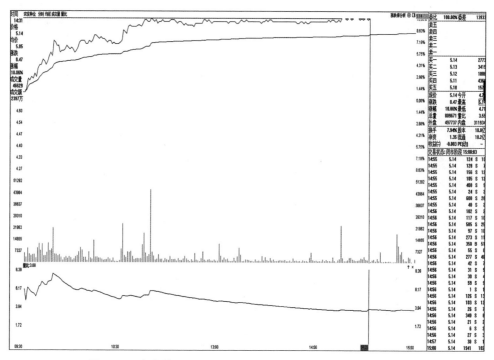

图7-4　农发种业（600313）2021年10月8日的盘口走势图

图7-5为农发种业（600313）2021年2月至10月的日K线界面图。从图中可以看到，该股目前处于股价循环阶段的上升阶段初期，在经历短期连续杀跌后于10月8日收出一根惊天大阳线。短期均线与中期均线同时在10月8日拐头向上。此前一日收出一根星形线，与此前二日构成"阴孕阳"形态。

综合分析可知，该股短线风险不大，短线可择机介入。

（二）亚盛集团（600108）

图7-6为亚盛集团（600108）2021年10月8日的盘口走势图。从图中可以看到，该股小幅高开，之后高走，是强势的表现，盘口上形成多头波形。股价封停时间较早，于9：41封停，尾盘封单15万，封成比为0.38，封成比较小，由此可知次日平开概率较大。

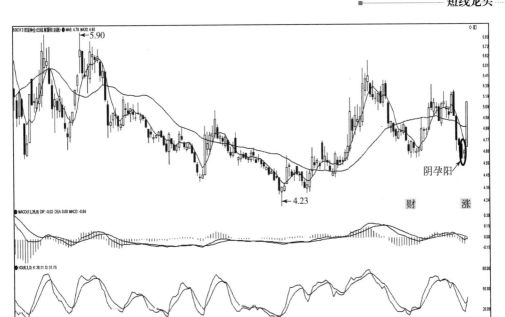

图 7-5　农发种业（600313）2021 年 2 月至 10 月的日 K 线界面图

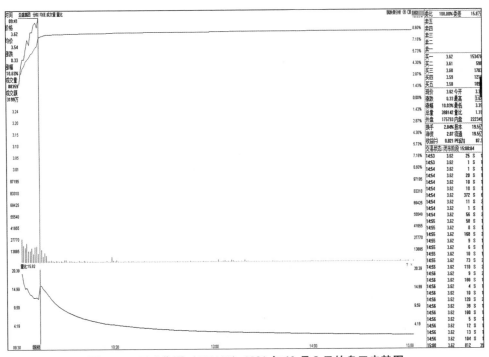

图 7-6　亚盛集团（600108）2021 年 10 月 8 日的盘口走势图

图 7-7 为亚盛集团（600108）2021 年 1 月至 10 月的日 K 线界面图。该股二季报每股收益 0.021 元，业绩稳中有升。10 月 8 日强力涨停，换手率只有2.04%，股价距离前期高点近在咫尺，综合基本面与技术面分析，该股各方面条件良好，短线可择机介入。

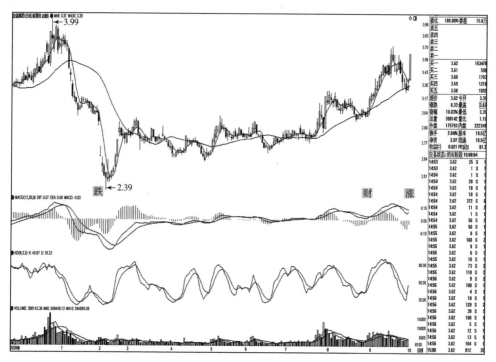

图 7-7 亚盛集团（600108）2021 年 1 月至 10 月的日 K 线界面图

（三）隆平高科（000998）

图 7-8 为隆平高科（000998）2021 年 10 月 8 日的盘口走势图。从图中可以看到，开盘量比达到 8 倍以上，股价高开高走，以均价线为依托震荡上行，为"蜻蜓点水"的典型形态。上上午 10：59 冲击涨停，但随后开板诱空，午后再度封停，当天换手率达 6.38%，封成比为 0.017，由此可知次日高开概率较小。

图 7-9 为隆平高科（000998）2020 年 7 月至 2021 年 10 月的日 K 线界面图。从图中可以看到，该股股价处于循环低位，2021 年 9 月 30 日 5 日线与 30 日线死叉后，10 月 8 日迅速涨停，旋即再次实现金叉，与前期高点近在咫尺，中期具备走牛的基础，短期股价的走强已是指日可待。

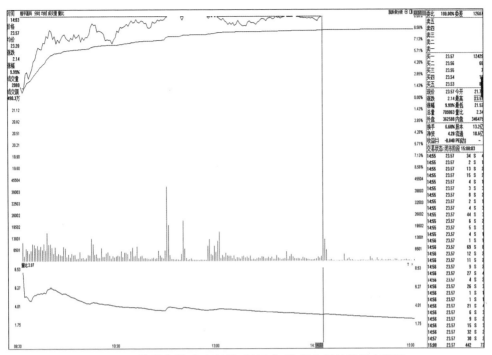

图7-8 隆平高科（000998）2021年10月8日的盘口走势图

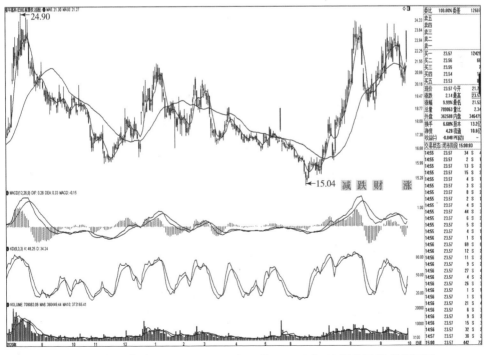

图7-9 隆平高科（000998）2020年7月至2021年10月的日K线界面图

（四）新农开发（600359）

图 7－10 为新农开发（600359）2021 年 10 月 8 日的盘口走势图。从图中可以看到，开盘量比达到 40 倍以上，股价冲高回落至均价线处获得支撑，其后于 9：45 迅速拉至涨停，收盘封成比为 0.13，由此可知下个交易日高开概率较低。

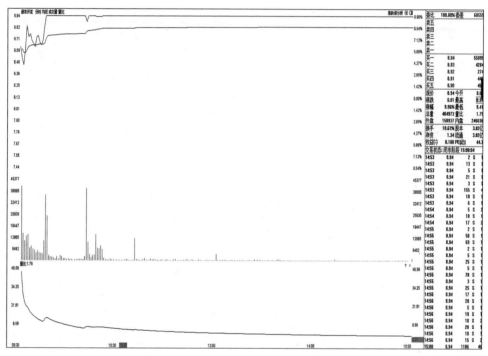

图 7－10　新农开发（600359）2021 年 10 月 8 日的盘口走势图

图 7－11 为新农开发（600359）2021 年 3 月至 10 月的日 K 线界面图。从图中可以看到，该股股价处于循环低位，股价、均线、指标处于上升同步态势，10 月 8 日高开高走迅速涨停，成交量稳步放大，具备龙头股的特性。可作为龙头股备选目标。

（五）敦煌种业（600354）

图 7－12 为敦煌种业（600354）2021 年 10 月 8 日的盘口走势图。从图中可以看到，开盘后量比随股价的上涨而上涨，直至封死涨停，其后量比平滑回落，午后出现翘板现象，但很快又被封死，至收盘封成比为 0.03，由此可知下个交易日高开概率较低。

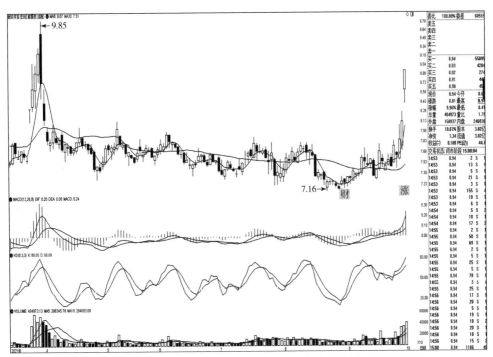

图 7-11　新农开发（600359）2021 年 3 月至 10 月的日 K 线界面图

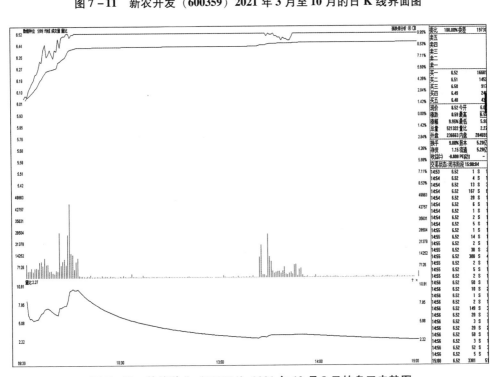

图 7-12　敦煌种业（600354）2021 年 10 月 8 日的盘口走势图

图 7-13 为敦煌种业（600354）2021 年 3 月至 10 月的日 K 线界面图。从图中可以看到，该股股价处于循环低位，中期均线 30 日均线开始走平，因此，该股亦可作为龙头股备选目标。

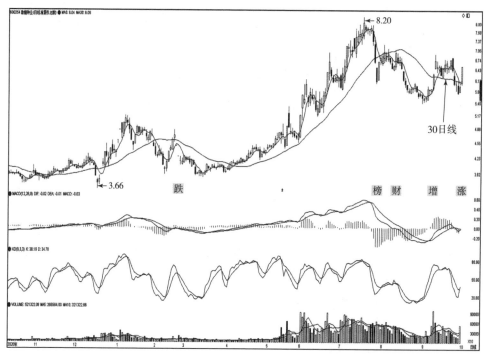

图 7-13　敦煌种业（600354）2021 年 3 月至 10 月的日 K 线界面图

四、兄弟联动

我们看盘的时候，经常会发现这样一种情况，即一只股票上涨，另一只同一板块的股票也会上涨，它们的启动时间通常为一前一后，有的甚至是同时启动，我们称这样的两只股票为"兄弟股"；它们之间的联动，被称为"兄弟联动"。如同属 5G 概念的东方通信（600776）和东信和平（002017）；同属创业小盘的 ST 天山（300313）和 ＊ST 金刚（300064）；同属煤炭板块的陕西煤业（601225）和山西焦化（600740）等等。如图 7-14 至图 7-19 所示。

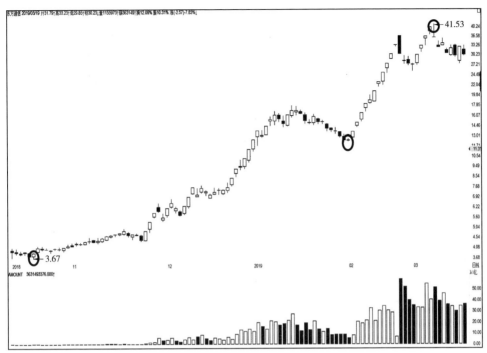

图 7 - 14　东方通信（600776）2018 年 10 月至 2019 年 3 月的日 K 线界面图

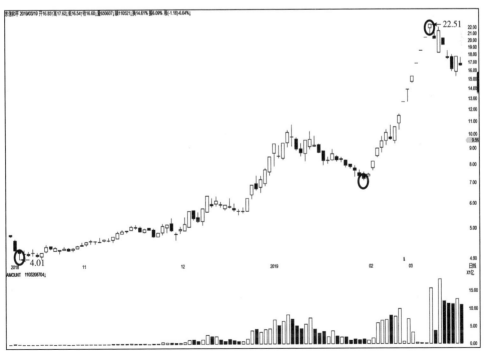

图 7 - 15　东信和平（002017）2018 年 10 月至 2019 年 3 月的日 K 线界面图

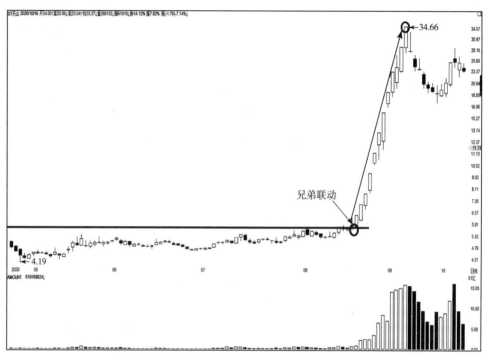

图 7−16　ST 天山（300313）2020 年 5 月至 10 月的日 K 线界面图

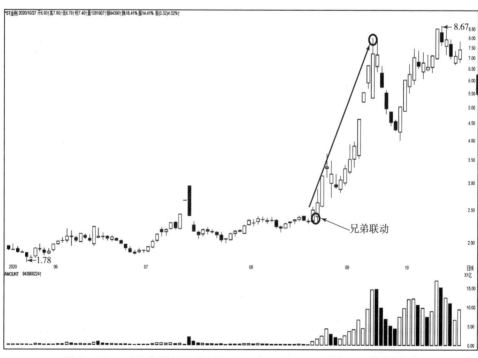

图 7−17　＊ST 金刚（300064）2020 年 5 月至 10 月的日 K 线界面图

图 7 - 18　陕西煤业（601225）2021 年 5 月至 10 月的日 K 线界面图

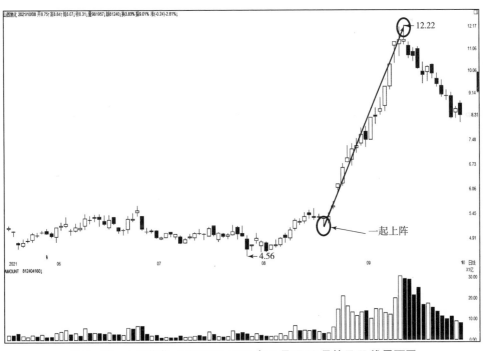

图 7 - 19　山西焦化（600740）2021 年 5 月至 10 月的日 K 线界面图

第八章
短线选股

本章摘要：本章以 A 股市场为蓝本，诠释了高超的选股技巧，以技术的眼光对选股策略及技巧进行了详细阐述。重点讲述了笔者独创的"斐氏选股法"①以及"首板选股法"。

---

① "斐氏"即"斐波那契"。有关"斐波那契"的更多具体内容，详见拙作《江恩分析原理》，北京：地震出版社。篇幅所限，此处不再展开论述。

第一节　斐氏选股法

一、斐氏选股

（一）设置指标

首先，将均线指标参数设置为（5、21、89、233），然后将量能线指标设为（5、55）。这是机构主力的设置模式，亦即斐波那契模式。[①]

（二）买卖信号

1. 研判大势

操作短线之前，首先要搞清楚大盘处于哪一个循环阶段，先要确认大盘的"大势"。有道是"看大势者赚大钱"，如果大盘明显有风险，那就空仓为上，最好的防控风险措施就是不买。待大盘走势趋好后，再展开短线操作。

2. 买入信号

（1）5 日均线与 21 日均线金叉后未死叉；

（2）5 日均量线上穿 55 日均量线后未死叉；

（3）MACD 指标金叉后未死叉；

（4）四条均线形成多头排列格局。

以上信号不分先后，最后一个信号的出现便是最佳买入时机。

图 8 - 1 为南都物业（603056）2020 年 2 月至 2020 年 6 月的日 K 线界面图。从图中可以看到：

[①]　有关"均线"的更多具体内容，详见拙作《炒股实战技法》，北京：中国宇航出版社。

（1）4月2日，该股MACD指标实现金叉；

（2）4月8日，5日均线与21日均线实现金叉；

（3）4月27日，5日均量线与55日均量线实现金叉。

此时，只需耐心等待多头排列信号的出现，即可介入。5月12日，多头排列最终形成，当日就是狙击该股的最佳时机。此后，该股最高涨至33.40元，自5月12日当天起算，累计涨幅近60%。

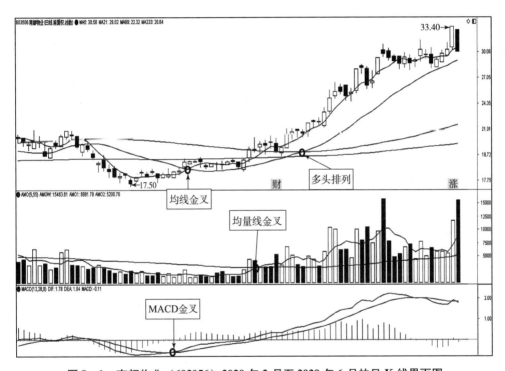

图8-1 南都物业（603056）2020年2月至2020年6月的日K线界面图

3. 卖出信号

（1）89日均线从原来上涨趋势转为走平；

（2）5日均线与21日均线死叉后未金叉；

（3）5日均量线与55日均量线死叉后未金叉；

（4）MACD呈绿柱状态（死叉）。

以上信号首先要满足第一点要求，剩余信号不分先后顺序，最后一个信号出现便是最佳卖出时机。

图8-2为百联股份（600827）2019年6月至2020年2月的日K线界面图。

从图中可以看到：

（1）2019 年 7 月初，该股的 89 日线开始走平；

（2）2019 年 7 月初，5 日均量线与 55 日均量线处于死叉状态；

（3）2019 年 7 月 8 日，MACD 指标的死叉与 5 日均线和 21 日均线的死叉同日出现。该日即卖出该股的最佳时机。此后，该股一路跌至 2020 年 2 月 4 日的 7.29 元才止跌企稳，自 2019 年 7 月 8 日当天起算，累计跌幅达 24%。

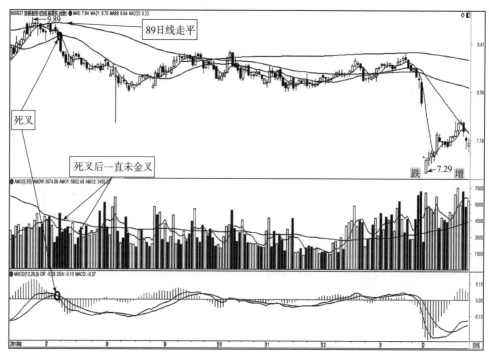

图 8-2　百联股份（600827）2019 年 6 月至 2020 年 2 月的日 K 线界面图

二、定制选股

（一）初步筛选

点击行情软件控制面板的"功能"键，依次选择"选股器""定制选股"，设置如下条件：

（1）选股范围为沪深 A 股；

（2）总股本小于 3 亿股；

（3）价格小于 21 元；

（4）涨幅大于 3%、小于 5%；

（5）换手率大于 3%；

（6）每股收益大于 0.03；

（7）剔除 ST 股后，剩下的股票可在当天介入或在调整 3 天后介入。

此选股公式常在震荡市中使用，称得上是震荡市中最好的短线操作模式。图 8-3 为定制选股界面图。

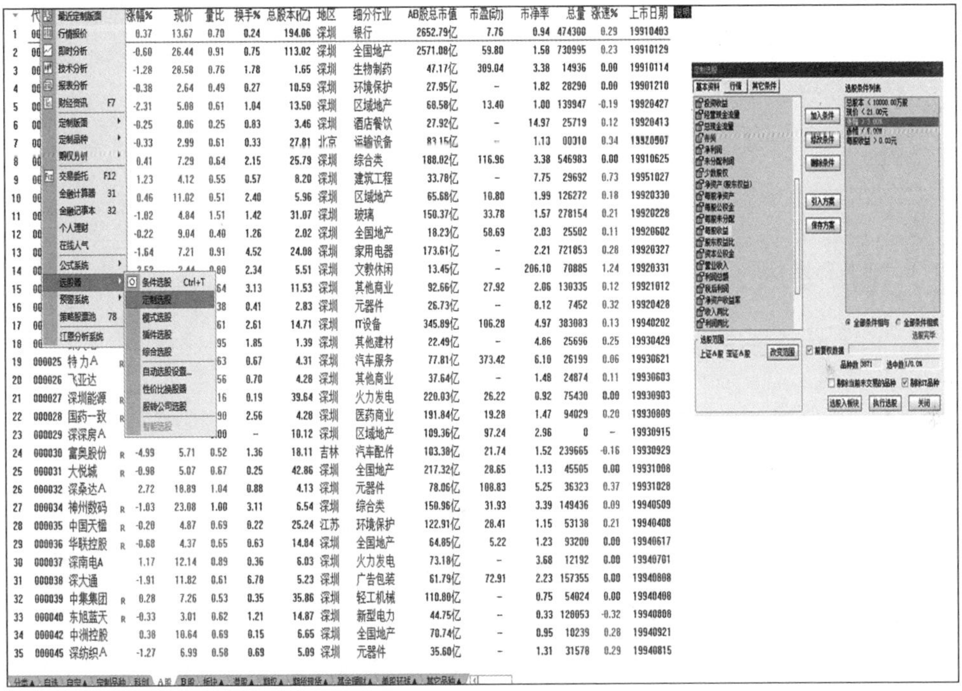

图 8-3　定制选股界面图

（二）进一步筛选

进一步采取以下标准进行筛选，最终选出最佳目标。

（1）已经连续上涨了 3 天的个股筛除（小涨除外）；

（2）两个月涨幅超过 30% 的个股筛除；

（3）连续下跌 5 天为最佳个股，在第六天或第七天介入为宜，如果跌势未尽，可以考虑每次以 20% 的资金分批介入；

（4）四条均线呈现出多头排列者为佳。

另外还可以按如下条件选股：

（1）总股本小于 5 亿股；

（2）流通股本小于 3 亿股；

（3）现价小于 13 元；

（4）涨幅大于 1%，小于 3%；

（5）换手率大于 3%；

（6）总金额小于 3 亿元；

（7）每股收益大于 1 元；

（8）每股净资产大于 1 元。

可在最恐慌的时候介入，比如连跌 3 天时分批介入，反弹 5% 则获利卖出。

三、选股要求

（一）筑底阶段的选股要求

（1）价格要低。首选严重超跌的股票。一般要求股价在 3 元左右，最高不超过 8 元。这样，一旦反弹，股价上涨空间就相对大些。当下降过程终结时，筑底反弹时的第一波，大多是严重超跌的低价股。这些股票原来的价格大多在 10 元以上，现在不过 3 元、4 元，水分基本蒸发殆尽。一旦有资产注入、二次重组、政策扶持等利好出现，后期走势便十分可观。

做反弹时首选中价股。在股市出现阶段性反弹时要回避基金重仓股，因为在下跌过程中大部分基民都是亏损的，股市反弹到一定程度，肯定有很多人会赎回基金，这时基金经理就不得不卖掉股票，基金重仓股会承受很大的抛压。到上升过程中期，它们才会成为不错的选择。因为那时候大家已经意识到牛市到来，资金开始涌入市场。[1]

（2）短期没有大涨。这里一般指三个月内涨幅不超过 30%。

（3）单日换手率不超过 8%。如果单日换手率超过 8%，说明这只股票已经在

---

[1] 再次提醒：笔者不建议一般投资者在下跌阶段进行操作，此时风险极大。

加速过程中了。

（4）流通盘最好小于 1 亿股。因筑底过程中交易量小，小盘股股性比较活跃。而过大的盘子在熊末牛初缺少资金的情况下，难有较好表现。

（二）上升阶段的选股要求

（1）强势热门股。可通过行情软件的"阶段排行"功能实现。狙击强势热门股，就是狙击主力，抢主力的钱。狙击时，以最快的速度下单，往往是以"秒"来计算的。前面有关章节已经有过较为详细的论述，此处不再赘言。

（2）大盘蓝筹股。这类股票往往是基金和市场主力青睐的目标，通常在大势上升过程中会有不错的表现，盘子以不低于 10 亿股为佳。

第二节　首板选股法

一、锁定目标

个股首次涨停板后，主力采用震仓方式洗盘的个股。

二、成功概率

实战操作中，所选的股票亏损占比 10% 左右；保本占比 10% 左右；获利 5% 以上者占 65%；有 3% 左右超过 10%；其余获利在 1% 至 5% 之间。

三、持股时间

介入个股 5 个交易日内不涨即离场。

四、操盘原理

股价在筑底阶段末期或上升阶段初期能涨停，说明该股主力资金实力雄厚。涨停后，某些主力会利用震仓的方式清洗浮筹，时间在 3~5 个交易日左右，震仓的幅度在 5 日均线附近，即使短暂跌破也会迅速拉起。震仓洗盘后，主力会展开新的一轮拉升。对于这类股票，我们如果能够及时在 5 日均线附近埋伏杀入，一般不出三天，就会有所回报。

五、大盘背景

展开操作前，对大盘近期的走势最好能有所了解。一般情况下，只要大盘不处在明显的下跌阶段或筑顶阶段，都可以展开操作。

六、注意事项

（1）每天收盘后，将深沪两市当天涨停的股票（最好是上午涨停）列入自选股中，在后续走势中，一旦出现符合条件的个股，则立即跟进；

（2）处于下跌阶段与筑顶阶段的股票不要碰；[1]

（3）一个月内第二次涨停或一个月内涨幅超过 30% 的股票不要碰；

（4）第二天高开低走带大量（超过前一天涨停量的 60%），且最低价触及 5 日均价线的股票不要碰；

（5）除权后 3 个月内在低位横盘的股票不要碰；

（6）上市两个月内的近端次新不要碰；

（7）整体涨幅在 2 倍以上的股票只能用少量资金参与，成功率为其他类型的 70%；

（8）处于股价循环的筑底与上升阶段，最低价触及 5 日均线时可以立即买入，如果股价能够迅速拉起，则可看高一线，否则次日要择高点出货；

（9）最优走势为：涨停后的第二天、第三天均为高开低走不带大量的小阴线，在第二天收盘前半小时往往有打压动作，均在最低价附近收盘，且第三天的收盘价在 5 日均价附近。此时买入，往往不出三天，便有可观利润；

（10）此操作的关键点在于是否能买到最低价附近，即 5 日均价附近，最高不能超过 5 日均价 +5 日均价 ×2%，否则获利空间有限，不如不做；

（11）在条件相同的情况下，优先选择热门板块的龙头股。[2]

---

① 详见本书"循环理论"的有关内容。
② 有关"龙头股"的详细论述详见本书第七章《短线龙头》。

七、卖出时机

（1）如果股价处于相对高位，一旦损失≥3%，应立即止损离场；

（2）获利5%以上后，随时可以出局，最迟5日均线走平时必须出局。

八、实战解析

图8-4为小商品城（600415）2018年9月至2019年3月的日K线界面图。从图中可以看到，2019年2月25日是该股5个月来的首次放量涨停，并且该日一举突破前期整理平台，威力可见一斑。观察盘面得知，此时大盘与该股均处于上升阶段初中期，符合狙击要求，此时应耐心等待股价缩量回落至5日均线处。

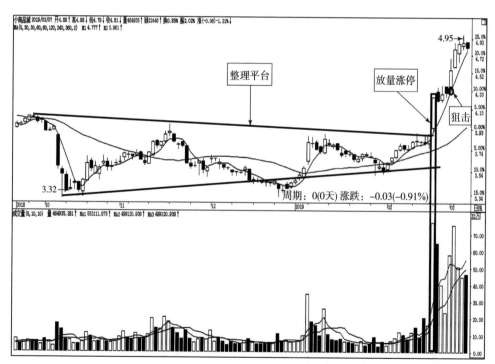

图8-4　小商品城（600415）2018年9月至2019年3月的日K线界面图

该股经过 3 天的缩量回档后，第四天股价打到 5 日均线时，应果断狙击。后来该股短线出现连续大涨，仅用 4 天时间最高涨至 4.95 元，从狙击当天起算，累计涨幅近 15%，短线获利着实不菲，已达到短线止盈标准，可随时离场，亦可在 5 日均线走平时快速离场，临盘切忌将短线做成长线。

第九章

短线资金

本章摘要：抓住了筹码动态以及资金流向，就是抓住了主力的命门，就是找到了赚钱的核动力！在投资世界中，辨认出筹码动态以及资金流向，顺势买卖，是投资获利的不二法门。本章从筹码分布、龙虎榜以及游资三个方面切入，提供了筹码与资金分析的崭新视点。

第一节　短线筹码

　　一个股票上涨幅度的大小跟很多因素有关系，不过最直接的还是主力必须大量持仓，另外就是必须有行情的配合。在启动初期如何把握和主力掌握筹码的多少，是判断一只股票上涨幅度高低的重要因素。

一、筹码研判

　　(1) 研判主力吸货的多少，简单的方法是看在高位套牢的散户筹码是否已经在低位割肉。另外在低位是否出现振荡的吸货走势，如果在低位股价出现了来回上下振荡走势，并且在振荡的过程也出现了高位筹码向低位逐步转移的特征，这就是一个简单的主力吸筹的现象。例如，天音控股（000829）2021 年 2 月 8 日见到最低价 5.44 元，当天的筹码几乎完全被套牢，经过两个多月的横盘震荡后，筹码逐渐低位集中，上方套牢筹码开始主动割肉。如图 9 - 1 及图 9 - 2 所示。

　　(2) 行情出现后，个股在上涨过程中会出现一定程度的分化，上涨时间有早有迟，上涨幅度有大有小。投资者普遍会产生比价心理，"怎么自己持有的股票涨得如此之慢？"在这种比价心理的影响下，大多数投资者会卖出涨得比较晚比较慢的个股，去追逐那些自己认为涨势较好的个股。主力正是利用投资者的这种比价心理，在真正吸筹的时候，会采取主动压制股价上涨的策略，迫使投资者卖出手中的个股，经过一段时间的震荡吸筹，前期套牢筹码已基本割肉，筹码峰顺利实现下移，主力计谋得逞。

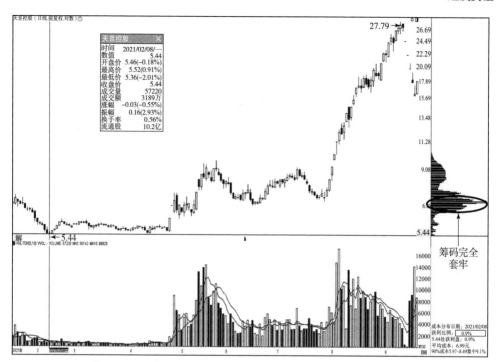

图 9-1 天音控股（000829）2021 年 2 月 8 日的筹码分布情况

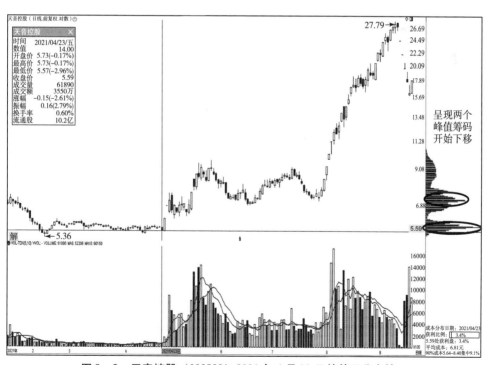

图 9-2 天音控股（000829）2021 年 4 月 23 日的筹码分布情况

二、筹码买入法

筹码密集的地方就会形成筹码峰，筹码峰往往会在底部或者顶部形成，当然也有很多时候是在阶段顶部和阶段底部形成。所以如果我们能在出现筹码峰的地方买进和卖出，那就是"在底部买进，在顶部卖出"了。关键是要研究这个筹码峰的形成是顶还是底。先来看看筹码峰的移动情况，根据筹码的移动情况，就可以分析出主力的意图，也就能判断顶底了。

图9–3至图9–5为海油发展（000968）2020年5月至2021年9月的日K线界面图。

（1）图9–3中光标所在的位置是一个波段低点，从筹码分布的情况看，有一定的套牢盘，但是没有出逃迹象且低位仍有筹码增加迹象。说明这只股很大概率有主力在运作，因为普通投资者一旦被套，首先想的是出逃，而不是在低位加仓。

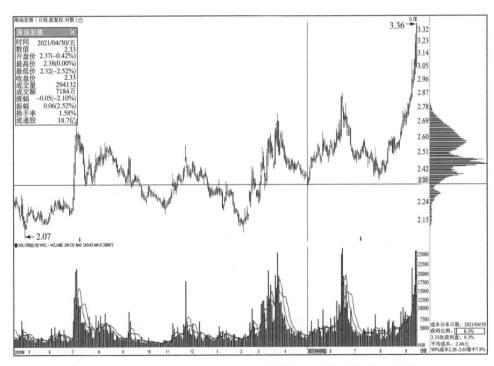

图9–3　海油发展（000968）2020年5月至2021年9月的日K线界面图（1）

（2）图9-4中光标所在的位置是一个波段高点，从筹码分布的情况看，前期被套牢的筹码已经被悉数解放，但没有出现筹码出逃现象；低位筹码获利不少，但也没有出逃且高点附近还出现不少新增筹码。分析图9-4便知，我们对图9-3的分析大概率是正确的，这只股票应有主力在运作，而且随着股价上涨，没有减仓，而是加仓，说明主力目标不是赚取短期的利润。这一系列动作足以引起我们的注意。

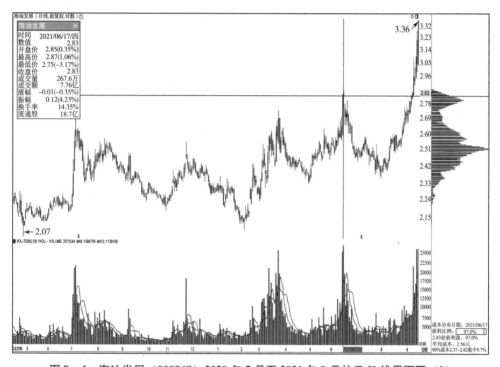

图9-4　海油发展（000968）2020年5月至2021年9月的日K线界面图（2）

（3）图9-5中光标所在的位置是一个波段低点，从筹码分布的情况看，图9-3中没有离开的低位筹码显然做了一次电梯，图9-4中没有离开的高位筹码被套住了。整体上筹码变化不大，没有筹码出逃的迹象。

综上：到目前为止，筹码只进不出，而且是不管涨跌。普通投资者是无法实施这样统一的操作计划的，对一只股票筹码进行了这么多、这么深的分析，我们得出结论：这一定是一只主力资金操作的股票。到笔者截稿时，从图9-5的低位起算，该股已经累计上涨了40%。如果投资者按照书中所讲的筹码分布理论，在图9-5的波段低点处大胆买入的话，可谓获益匪浅。

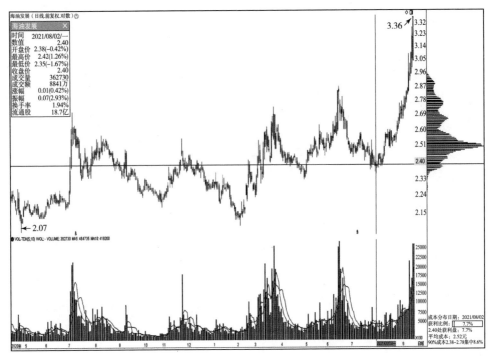

图 9-5 海油发展（000968）2020 年 5 月至 2021 年 9 月的日 K 线界面图（3）

三、筹码卖出法

图 9-6 至图 9-7 为科蓝软件（300663）2021 年 3 月 15 日及 6 月 24 日的筹码分布图。从图中可以看到，筹码完全从图 9-6 的低位转移到了图 9-7 的高位，并且形成了筹码峰。前文提到，筹码峰不是在波段高点出现就是在波段低点出现。此处是低位筹码向高位转移，因此可以确认是波段高点筹码峰，投资者应及早离场。

筹码由低位向高位移动，说明在低价位买入的人在高位抛出了，如果抛出的筹码很多，则不会是普通投资者所为，而是主力。低买高抛，是主力赚钱的套路，主力用资金、消息来掌控股价的涨跌，操作股票当然比普通投资者更容易，所以作为普通投资者，应该见好就收，剩下的鱼尾留给别人吃就好了，学会了捕鱼的方法，不愁抓不到下一条。

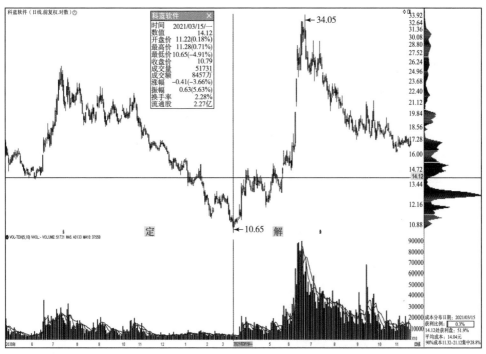

图 9-6 科蓝软件（300663）2021 年 3 月 15 日的筹码分布图

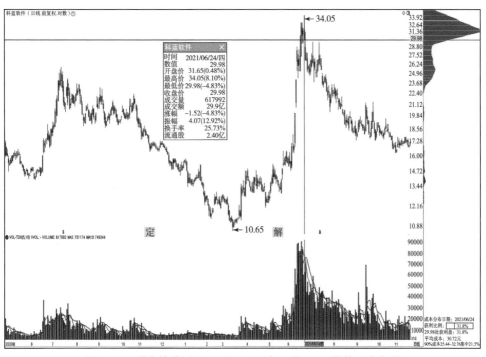

图 9-7 科蓝软件（300663）2021 年 6 月 24 日的筹码分布图

之后该股一路下跌至 2021 年 9 月份才止跌企稳。从 9 月 1 日的筹码分布看，经过近三个月的震荡盘跌，该股筹码逐渐在低位集中，上方套牢筹码已经主动割肉，此处或有其他主力资金强势进场，前主力或已出局，又恰逢出现低位筹码峰，筑底的可能性非常大。如图 9-8 所示。

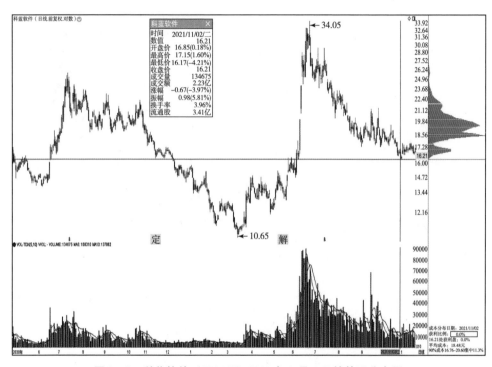

图 9-8　科蓝软件（300663）2021 年 9 月 1 日的筹码分布图

第二节　短线龙虎

　　做短线必须要学会看龙虎榜，因为分析资金状况不能靠猜测。结合介入资金的进进出出，盘口界面及 K 线界面，才能更好地判断主力意图，做到与主力共进退。

一、成交数据

（一）买入性质

　　龙虎榜上，机构被标记为"机构专用"，游资被标记为"××营业部"。我们要分析龙虎榜中究竟是一家机构，还是多家机构抑或是"龙虎混杂"。理论上来讲，机构是越多越好。机构进驻，行情往往发展为中线行情；而游资和机构混杂，说明游资和主力资金达成共识，短线继续上涨的概率较高；如果没有机构，仅有游资，特别是超短游资，那么短线一日游的概率极大。图 9 - 9 为京基智农（000048）2020 - 04 - 30 的龙虎榜数据，从图中可以看到，龙虎榜买入前五名中，第一与第三是机构，其余买入卖出均为游资所为。

（二）买入量

　　机构买入金额占比越大越好。如果是超短游资买入占比大，则短线抛压将大大增加。

（三）涨停性质

　　一看是否是首次涨停。首次涨停的空间更大。
　　二看游资风格。看是超短游资，还是波段游资。

【1.交易龙虎榜】

●交易日期:2020-04-30　信息类型:跌幅偏离值达7%的证券

涨跌幅(%):-6.43　成交量(万股):714.39　成交额(万元):17938.77

买入前五营业部		
营业部名称	买入金额(万元)	卖出金额(万元)
机构专用	318.95	130.21
西部证券股份有限公司西安东大街证券营业部	295.96	2.60
机构专用	281.82	76.27
华西证券股份有限公司深圳民田路证券营业部	277.08	330.25
东莞证券股份有限公司东莞凤岗证券营业部	216.76	0.51
卖出前五营业部		
营业部名称	买入金额(万元)	卖出金额(万元)
海通证券股份有限公司北京光华路证券营业部	0.00	477.52
华西证券股份有限公司深圳民田路证券营业部	277.08	330.25
中国银河证券股份有限公司北京中关村大街证券营业部	0.00	265.29
国信证券股份有限公司杭州大关路证券营业部	0.00	172.99
国金证券股份有限公司上海奉贤区金碧路证券营业部	63.79	171.73

图 9 - 9　京基智农（000048）2020 - 04 - 30 的龙虎榜数据

三看游资接力，还是机构推升。若是波段游资的介入，后期继续走牛的概率更大。

四看加仓涨停，还是对倒涨停。加仓涨停无疑更看好，对倒涨停显示主力不肯投入过多资金，调整压力大。

五看首次涨停的主力是否出货。如果首板主力已经出货，则后期拉升阻力小；如果首板主力未出货，则后期拉升阻力大。

（四）板块效应

板块效应越强，持续性则越强。可以通过观察个股所在板块的涨停家数，分析板块效应强与不强。

二、个股分析

（1）基本面：季报、半年报、年报业绩，以及分红扩股等基本面情况；

（2）资金面：机构买入比例，游资买入比例；

（3）技术面：通过盘口界面与 K 线界面综合研判。

三、交易行为

（1）资金行为：有波段游资介入说明该板块有可能活跃，若是明显的板块启动则成功率更大。

（2）加仓行为：如有加仓行为，表明非常看好后市，可以跟进。在盘面上表现的是连续大涨或者涨停。

（3）对倒行为：对倒的股票一般上升空间有限，除非有新的利好导致游资介入；对倒出现后一般就是出货。在盘面上表现出标准的对倒出货图形和不规则放大的量能。

（4）抢筹行为：如果是一家独大，抛压可能较大，需要实力游资的接力才行。

（5）锁仓行为：最大主力如在拉升过程中锁仓未出货，随着股价的进一步上涨，这部分锁仓的仓位就是一个"定时炸弹"。

（6）出货行为：通常来说，最大的主力出局后股价基本见顶，正可谓"成也萧何败也萧何"，剩下的就是散户行情了。表现在盘面上就是出现短期巨量伴随高位十字星/乌云盖顶/黄昏之星等见顶 K 线形态。①

---

① "K 线形态"相关内容，详见拙作《炒股实战技法》，北京：中国宇航出版社。

第三节　短线游资

　　一般来说，强势游资主要集中在江浙、成都、深圳、上海、福建等地，而强势游资不单指钱多，更指技术好，有独立的涨停板拉升技巧及盘口控制能力，甚至可以打造出市场热点，这不是普通游资可以做到的。尽管有时也会失手，但资金量之大，控盘能力之强不是普通游资所能比拟的，跟上这些强势游资，吃肉喝汤才能成为可能。

　　能将股票做成龙头股的强势游资，都是市场里消息最权威、嗅觉最灵敏、技术最厉害、资金最雄厚、影响最强大的游资。他们代表了 A 股市场上最高的操盘水平，最牛的赚钱能力。只有好好研究他们的选股及运作模式，我们才能成为这个市场里的"二"，而不是"八"。紧跟一流游资的是一流投资者，紧跟二流游资的是二流投资者，紧跟三流游资的是三流投资者，当然，这里的"流"不是指品行，是指对这个市场的领悟和驾驭能力。

　　通常，这些强势游资进货容易出货难，所以他们在选股上会尽量选择热点，没有热点就择机制造热点，这样才能为日后普通游资的集体接力、出货创造条件，到疯狂时还能吸引一些牛散的跟风，所以，"得散户者得天下"不无道理。

　　查看龙虎榜，强势游资首次介入牛股大都在拉升中期之前。在他们首次介入之后（注意是"首次介入"），后面都还会出现 20% 以上的涨幅。在出货末期也会有介入，不过那时玩的是"明修栈道暗度陈仓"的把戏，利用名气吸引跟风。这点也是要注意的，市场上的主力资金之间是暗通款曲的。

　　如果我们持有的股票当中，在低位出现了强势游资的身影，就可结合实际的题材与位置，适当提高自己的盈利预期，不要轻易放手。不是说只要他们参与的都是大牛，只是市场里的大牛基本都有他们的参与。熟悉他们的操盘方法，是做短线、炒题材者的必修课，因为他们才是深知 A 股短线之道的集大成者。

　　以下为市场上最著名的强势游资之六大派系：

（一）国泰君安系

包括交易席位（227002），交易席位（010000），上海福山路证券营业部（被套后会采取自救行动），成都北一环路证券营业部，上海江苏路证券营业部，上海天山路证券营业部，深圳益田路证券营业部，南京太平南路证券营业部，上海打浦路证券营业部，成都建设路证券营业部，广州人民中路证券营业部。值得一提的是，当年叱咤股坛的"宁波敢死队"的扛把子徐翔创立的泽熙私募，席位大多为国泰君安系。

（二）光大系

包括光大深圳金田路证券营业部（风格怪异），上海世纪大道证券营业部，杭州庆春路证券营业部（一流游资），余姚阳明西路证券营业部，宁波解放南路证券营业部，奉化南山路证券营业部。

（三）中信系

包括杭州延安路证券营业部（章建平席位），深圳福华一路证券营业部，福州连江北路证券营业部，上海世纪大道证券营业部，上海淮海中路证券营业部，上海溧阳路证券营业部（2014年异军突起）。

（四）银河系

包括宁波翠柏路证券营业部（宁波敢死队），宁波大庆南路证券营业部（喜欢反复炒作一只股票），绍兴证券营业部，厦门美湖路证券营业部。

（五）中投系

包括无锡清扬路证券营业部，杭州环球中心证券营业部。

（六）华泰系

包括浙江分公司，成都蜀金路证券营业部，南京江宁金箔路证券营业部，江阴福泰路证券营业部，绍兴上大路证券营业部，深圳益田路荣超商务中心证券营业部，杭州定安路证券营业部，扬州文昌中路证券营业部。

认识误区

　　强势游资虽然有影响股价的实力，但是他们也必须尊重趋势。因此，我们首先要重视的还是个股的趋势及所处的循环位置，而不要因为某个强势游资的介入去盲目追逐，因为他们的行为并非一成不变。强势游资有时也会玩"一日游"，也会止损；而每个强势游资都有自己的性格，被套后有的等待观望，有的砸盘止损，有的对倒自救，有的等待接力。因此，短线买卖要综合分析，仍然要遵循"看大势者赚大钱"和"看长做短"这两项基本原则。

第十章

短线赢家

本章摘要：本章的最大价值在于超越了短线作为一种实战技巧的范畴，进入了一个操盘手自我认知的领域。

作者一贯秉承的是"以道驭术"的操盘理念，本章对全书进行了哲学层面的升华。人生赢家需要有正确的世界观来引领，同样，短线赢家更需要具备正确的"操盘观"来统筹理论与技巧。本章从分析方法、交易策略以及操盘系统三大方面入手，引领读者建立正确的"操盘观"，并引导读者通过恰当的方法论去贯彻正确的"操盘观"。

第一节　赢家分析

一、资金分析

（一）水床原理

水床的特点就是从一边按下去，另一边就会因为水的挤压而突出来。如果把水床比喻成整个金融市场，那么水床里的水就是资金流，各个金融市场之间的资金流动就体现为此消彼长的关系。资产价格是由资金来推动的，短期内金融市场增加或减少的资金量相对于总存量来说可以忽略不计，我们应通过分析把握不同子市场之间资金的流向来判断基金经理们的操作思路，从而把握市场中长期的走势。分析的参考指标通常包括股指、收益率曲线、CRB 指数等等。当然，不同市场有不同的特征属性，也决定了资金一般难以在不同属性的市场之间流动，这样我们可以将金融市场根据不同属性划分为不同的层次和范围，分别运用水床原理来进行分析。

（二）市场焦点

市场中线的走势方向一般都是由某一个市场焦点所决定的，同时市场也在不断寻找变化关注的焦点来作为炒作的题材。以 2020 年的走势为例，2 月份的新冠疫情使民众出现恐慌情绪，口罩概念一个月内从 2231 点迅速上扬至 3173 点。之后随着防控形势的好转，紧张的气氛逐渐缓和，适逢更多的企业开始生产口罩，甚至出现跨行业生产，比如中国石化以及五菱汽车的加入，使口罩供应量短期内急剧增加，口罩概念随之从 3173 点滑落。3 月中旬至 6 月末，经过一段时间的盘整之后，全球疫情出现大范围蔓延，逐渐恶化，对口罩供给的忧虑逐渐成为市场主导，口罩概念从牛皮中突围上扬至 3513 点。但 7 月初，俄罗斯声称已经研发出新冠疫苗，口罩供给不足的担心一扫而空，跨行生产的企业逐渐停产口罩，口罩概念再度从 3513 点滑落。图 10－1 为口罩概念（393011）2020 年 2 月至 8 月的日 K 线界面图。

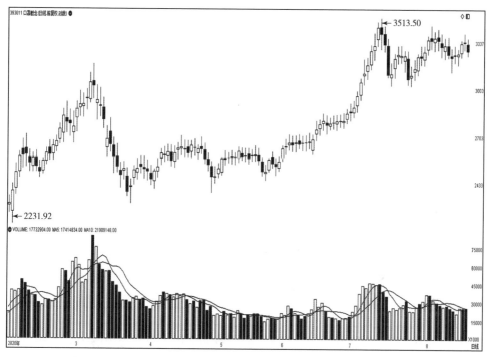

图 10－1　口罩概念（393011）2020 年 2 月至 8 月的日 K 线界面图

可以看出，市场在不断转换关注的焦点，确认了口罩概念在相应时段的方向性。当然，市场焦点的转换是在不知不觉当中完成的，不可能有一个明显的分界线，只有通过市场舆论和某些相关信息才能做出推断，而且不能排除推断错误的可能。

（三）钟摆原理

所谓钟摆原理，简单地讲，就是任何一种资产的价格都不可能无限上涨，也不可能无限下跌，就如同钟摆一样终究会回归到平衡状态。偏离程度越大，反向调整的幅度也越大。但需要指出的是，投资者往往教条地运用这个原理，在明显单边市势中希望抓住转势的转折点而不断进行逆市操作，因而造成巨额亏损。价格本身不会告诉投资者何时转势，只有依靠对基本面的把握，同时结合技术分析中的趋势分析，顺势而为，才能正确运用这一理论来把握市场中长线的运行走势。

二、指标分析

经济形势对资本市场的稳定和发展有着巨大的影响，也是 A 股市场短期波动的最主要影响因素，研究分析经济指标是我们了解经济形势的一个有效手段。经济指标主要包括以下几大部分内容：国民收入和生产、工业生产和订单、固定资本投资与建筑、就业与失业、国内贸易和商品库存、综合商品价格等。以下我们将就其中一些重要指标进行简要分析。

（一）国内生产总值

一国的国内生产总值，是该国各个经济部门在一定时期（一年或者一季）内所生产的没有扣除资本消费的全部商品和劳务总值。所谓的资本消费，指的是固定资本折旧。也就是说，不论谁在该国拥有生产资产，其产出均应计入该国的国内生产总值。例如：外国公司在我国设立子公司，即使将营利汇回其位于他国的母公司，其营利仍是我国 GDP 的一部分。GDP 囊括一个国家境内的全部经济活动，反映经济增长的基本情况，用于分析经济发展目前处于何种状态。GDP 增速加快表明经济处于扩张阶段，对生产资料的消费需求会增加。

GDP 是每季数据，第一季的先期报告公布于四月底，其余各季分别公布于七月、十月与次年的一月。对于任何一季的报告，第一次报告称为"初步"，第二次修正报告称为"最终"。

初步核算，2020 年上半年国内生产总值为 456614 亿元，按可比价格计算，同比下降 1.6%。分季度看，一季度同比下降 6.8%，二季度增长 3.2%；分产业看，第一产业增加值 26053 亿元，同比增长 0.9%；第二产业增加值 172759 亿元，同比下降 1.9%；第三产业增加值 257802 亿元，同比下降 1.6%；环比看，二季度国内生产总值增长 11.5%。图 10 - 2 为 2015—2020 年上半年中国国内生产总值统计。

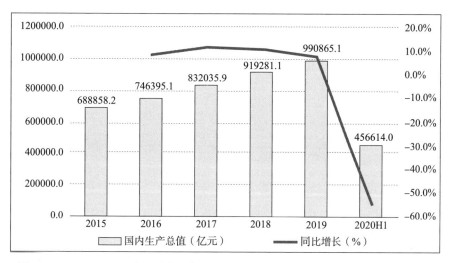

图 10 - 2　2015—2020 年上半年中国国内生产总值统计（数据来源：国家统计局）

（二）工业生产指数

工业生产指数是衡量制造业、矿业与公共事业的实质产出的重要经济指标，是反映一个国家经济周期变化的主要标志。

内容有三种不同类别：①所有工业；②市场分类：包括最终产品、中产品和原料市场；③工业类别：包括制造业、矿业及公用事业。工业生产指数是反映经济周期变化的重要标志，可以以工业生产指数的上升或者下降的幅度来衡量经济复苏或者经济衰退的程度。工业生产指数稳步攀升表明经济处于上升期，对于生产资料的需求也会相应增加。

2020 年 7 月，中国的工业生产指数增长达 4.8%，相较于 2020 年 6 月的 4.8% 保持不变。中国工业生产指数增长数据按月更新，1995 年 1 月至 2020 年 7 月期间平均值为 11.4%，共 285 份观测结果。该数据的历史最高值出现于 2020 年 2 月，达 23.2%，而历史最低值则出现于 2020 年 3 月，为 - 1.1%。图 10 - 3 为工业生产指数的同比增长图。

（三）产能利用率

产能利用率是工业总产出对生产设备的比率，包括生产业、矿业、公用事业、耐用品、非耐用品、基本金属工业、汽车和小货车业及汽油等八个项目，代

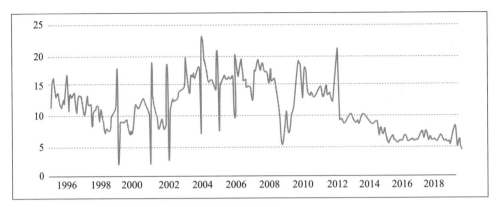

图 10-3　工业生产指数的同比增长（数据来源：国家统计局）

表上述产业的产能利用程度。如果产能利用率在 90% 以下，且持续下降，表示设备闲置过多，经济有衰退的迹象；当设备使用率超过 95%，代表设备使用率接近极限，通货膨胀的压力将随产能无法应付而急速升高。

图 10-4 为 2017 年 1 季度至 2020 年 2 季度全国工业产能利用率走势图。从图中可以看到，2020 年 1 季度，受新冠肺炎突然爆发的影响，全国工业产能利用率骤跌至 67.3%，出现产能设备利用率偏低的情况。

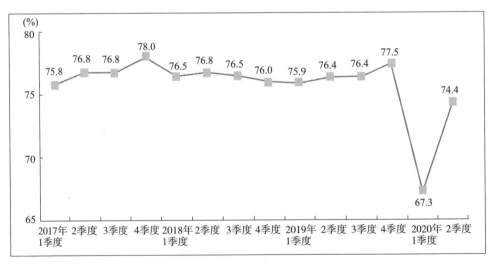

图 10-4　2017 年 1 季度至 2020 年 2 季度全国工业产能利用率走势图
（数据来源：国家统计局）

（四）采购经理人指数（PMI）

采购经理人指数能够衡量制造业在生产、新订单、商品价格、存货、雇员、订单交货、新出口订单和进口等八个范围的状况。

采购经理人指数以百分比来表示，常以50%作为经济强弱的分界点：当指数高于50%时，被解释为经济扩张的信号。该指数愈高，则通货膨胀的威胁则愈高，例如十分接近60%时。一般来说当指数低于50%，尤其是非常接近40%时，则有经济萧条的危险。采购经理人指数走强一般对生产资料的价格有一定的利好支撑。

采购经理人指数是领先指标中一项非常重要的附属指标，等于一国制造业的体检表。除了对整体指数的关注外，采购经理人指数中的支付物价指数及收取物价指数也被视为物价指标的一种，而其中的就业指数更常被用来预测失业率。

图10-5为2008年1月至2020年8月中国采购经理人指数（PMI）走势图。截至2020年8月，我国制造业PMI为51，同比增长3.03%；非制造业PMI为55.2，同比增长2.6%。

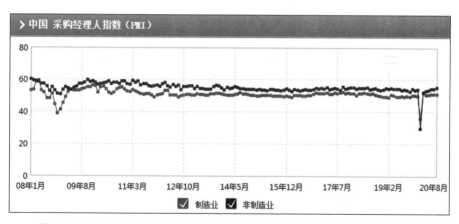

图 10-5　2008 年 1 月至 2020 年 8 月中国采购经理人指数（PMI）走势图
（数据来源：东方财富 Choice 数据）

（五）工业品出厂价格指数（PPI）

这是一个针对商品生产者的价格指数，包括三个指数：一是最受金融市场和新闻媒介关注的制成品生产价格指数；二是半成品生产价格指数，它是前一个指数的领先指标；最后一个是原材料生产价格指数。该指数只是一个商品价格指数，不像消费价格指数那样，既包括商品又包括服务。这也使得该指数的波动性相对更大一点。两者的另一个不同之处是生产价格指数还衡量了企业所购买的部分资本商品的成本。

工业品出厂价格指数较预期上升对债市和股市都不是好消息，因为这表明通货膨胀加速，债券投资者要求的收益率要上升，债券价格就相应下降；对股市而言，虽然某些人认为"轻微的通胀"有利于股价，但是历史显示，当通货膨胀率超过一定水平时，这种看法并不正确，因为股票价格反映的是未来收益的现值，通货膨胀加速的结果就是未来收益的现值下降，股票价格也会相应下降。

图 10 - 6 为 2006 年 1 月至 2020 年 7 月中国工业品出厂价格指数（PPI）走势图。截至 2020 年 7 月，中国工业品出厂价格指数（PPI）当月为 97.6，当月同比增长 - 2.40%，累计值为 98.00。

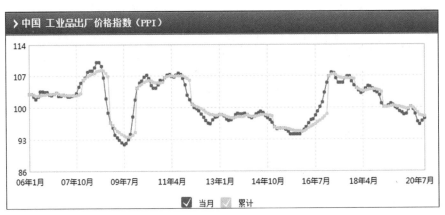

图 10 - 6　2006 年 1 月至 2020 年 7 月中国工业品出厂价格指数（PPI）走势图
（数据来源：东方财富 Choice 数据）

（六）消费者物价指数（CPI）

这是以与居民生活有关的产品及劳务价格统计出来的物价变动指标，又称居民消费价格指数。消费者物价指数可以用来反映市场价格变化的总体情况，消费物价指数持续明显上升，则整体经济有通货膨胀的压力。虽然该指标被视作最重要的通货膨胀指标，但是也存在一些缺陷。它所衡量的是针对消费者的固定篮子的物品和服务的价格，所覆盖的范围不如其他通货膨胀指标广泛。经济学家通常关注的是剔除了易波动的食品和能源后的消费价格指数，即"核心消费价格指数"。消费价格指数较预期上升表明通货膨胀加速，这意味着债券收益率要上升，债券价格就相应下降；正如第（五）条所提到的，由于股票价格反映的是未来收益的现值，通货膨胀加速的结果就是未来收益的现值下降，股票价格也会相应下降。

图 10－7 为中国居民消费价格指数 2008 年 1 月至 2020 年 7 月的走势图。截至 2020 年 7 月，中国居民消费价格指数全国当月为 102.7，同比增长 2.74%，环比增长 0.6%，累计 103.7；城市当月为 102.4，同比增长 2.4%，环比增长 0.6%；农村当月为 103.4，同比增长 3.7%，环比增长 0.8%，累计 104.5。

图 10－7　中国居民消费价格指数（CPI）2008 年 1 月至 2020 年 7 月的走势图
（数据来源：东方财富 Choice 数据）

（七）个人收入

个人收入，包括一切从工资及社会福利所取得的收入，反映了一国个人的实际购买力水平，预示了未来消费者对于商品、服务等需求的变化。

个人收入指标是预测个人的消费能力，未来消费者的购买动向及评估经济情况好坏的一个有效指标。个人收入提升总比下降好，个人收入提升代表经济情况好转或经济景气，相应地，个人消费支出就有可能增加；个人收入下降当然是经济放缓、衰退的征兆，对货币汇率的走势的影响不言而喻。如果个人收入上升过急，央行担心通货膨胀，又会考虑加息，加息当然会对货币汇率产生很大影响。

通常个人收入所得应配合个人消费支出和个人储蓄率来观察。个人消费支出代表个人购买商品或服务消费的市场价值，这两项资料之所以重要，是因为它们都是当期 GNP 中的重要组成分子，专家们可以凭借这些资料来预测 GNP 的可能变化幅度。

（八）消费者信心指数

2019 年消费者支出占我国经济的 57.8%，对于我国经济有着重要的影响。为此，分析师追踪消费者信心指数，以寻求预示将来的消费者支出情况的线索。消费者信心指数稳步上扬，表明消费者对未来收入预期看好，消费支出有扩大的迹象，从而有利于经济走好，对于生产资料等应有利多影响。

长期以来，该数据为消费者态度变化的把握提供了一个有价值的指引，进而可以较好地预测消费行为。另外，与其他同类用途的数据相比，该数据波动性更小，表现也更为稳定。如果消费者信心上升，债券市场将之视为利空，价格下跌；股票市场则通常视之为利好。若消费者信心上升，则意味着消费增长，经济走强，央行可能会提高利率，人民币就会相应走强。

图 10-8 为 2007 年 1 月至 2020 年 7 月中国消费者信心指数。截至 2020 年 7 月，消费者信心指数为 117.20，同比增长 -5.79%，环比增长 4.09%，累计 103.7；消费者满意指数为 111.90，同比增长 -6.36%，环比增长 2.75%；消费者预期指数为 120.60，同比增长 -5.49%，环比增长 4.78%。

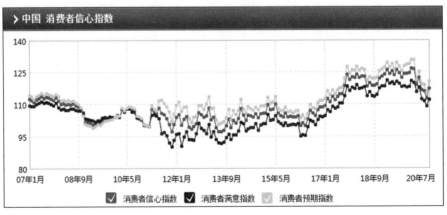

图 10-8　2007 年 1 月至 2020 年 7 月中国消费者信心指数
（数据来源：东方财富 Choice 数据）

（九）经常账

贸易经常账为一国收支表上的主要项目，内容记载一个国家与外国包括因为商品、劳务进出口、投资所得、其他商品与劳务所得以及其他因素所产生的资金流出与流入的状况。

如果经常账余额是正数（顺差），表示本国的净国外财富或净国外投资增加。如果是负数（逆差），表示本国的净国外财富或投资减少。

通常来讲，一国经常账逆差扩大，该国币值将贬值；顺差扩大，该国货币将升值。在西方国家，通常每月或每季都会公布经常账数据，但一个月的贸易数据对市场的参考作用并不大，每个季度经过调整的经常账才较为重要。在二十世纪七八十年代，经常账赤字曾经对外汇市场有着较大的影响，目前这种影响力已经有所减退，但对于美国，经常账赤字仍然对美元有着较大的影响力。经常账包含的内容比较多，项目比较繁杂，但是美国每次庞大的经常账赤字给美元的压力是肯定的。

2019 年，我国经常账户顺差 9768 亿元人民币，国家外汇管理局新闻发言人、总经济师王春英表示，预计 2020 年我国经常账户继续运行在合理区间，有望保持小幅顺差。这同时也意味着 2020 年人民币可能终结始于 2014 年初的贬值态势，重回升值周期。图 10 - 9 为人民币（USDCNY）2013 年 10 月至 2020 年 9 月的月 K 线界面图，从图中可以看到，2014 年 1 月至 2019 年 9 月，人民币一路从 6.04 贬值到 7.18，其后转贬为升至笔者截稿。

图 10 - 9　人民币（USDCNY）2013 年 10 月至 2020 年 9 月的月 K 线界面图

（十）预算赤字

财政，也就是一国政府的收支状况。一国政府在每一财政年度开始之初，总会制定一个当年的财政预算方案，若实际执行结果收入大于支出，为财政盈余；支出大于收入，为财政赤字。

出现财政赤字的原因有很多。有的是为了刺激经济发展而降低税率或增加政府支出；有的则因为政府管理不当，引起大量的逃税或过分浪费。当一个国家财政赤字累积过高时，就好像一间公司背负的债务过多一样，对国家的长期经济发展而言，并不是一件好事，对于该国货币亦属长期利空，且日后为了解决财政赤字只有靠减少政府支出或增加税收，这两项措施，对于经济或社会的稳定都有不良影响。一国财政赤字若加大，该国货币会贬值；反之，若财政赤字缩小，表示该国经济良好，该国货币会升值。

第一财经研究院高级学术顾问柯马克认为，2020 年中国"加总财政赤字"将达 GDP 的 11%。图 10 - 10 为国家财政指标（占 GDP 的比重）。

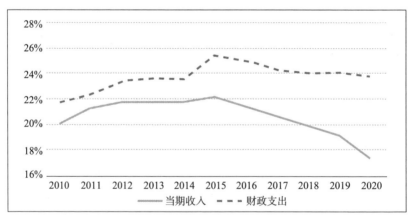

图 10 - 10　国家财政指标（占 GDP 的比重）（数据来源：第一财经）

（十一）零售销售指数

凡以现金或信用卡方式付账的商品交易均是零售业的业务范围，但服务业并不包括在内。零售业消费占我国 GDP 的 2/3 左右，所以它能为个人消费开支和 GDP 的预测提供基础，这是我们关注该数据的主要原因。

一个低于预期的零售销售数据意味着更低的 GDP 增长率、更低的通货膨胀率和更低的利率——这也意味着债券价格将上升。强于预期的零售销售数据对债券市场是一个利空消息。对股票市场而言，稳定的销售被视作利好消息，除非利率上升得太高。对人民币而言，零售销售数据不是特别重要，唯一的例外是，如果市场对迅速上升的进口额比较担忧的话，零售销售的大规模增长可能意味着巨大的进口额，这对人民币是个利空消息。图 10 - 11 为 2019 年 10 月至 2020 年 7 月我国零售销售（年率同比）。从图中可以看到，截至 2020 年 7 月，我国零售销售增长 - 1.1%。

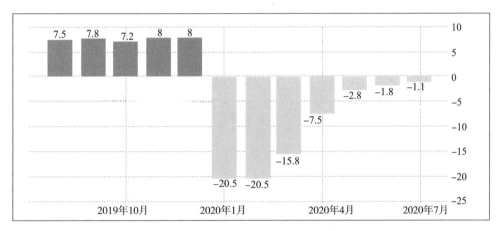

图 10 - 11   2019 年 10 月至 2020 年 7 月我国零售销售（年率同比）
（数据来源：贸易经济学）

（十二）领先指标

领先指标是由十个相同权重的金融和非金融指标构成的复合指数，用来测试整体经济的转换情形，是预测未来的经济走向最有效的统计指标，亦称为先行指标。从历史表现来看，该指标可以预测经济周期的高点和低谷，假如领先指标连续三个月下降，则可预知经济即将进入衰退期；若连续三个月上升，则表示经济即将繁荣或持续荣景。通常领先指标有 6 至 9 个月的领先时间，在经济衰退前 11 个月可预测经济走下坡，而在经济扩张前 3 个月可预测经济的复苏。

强于预期的领先经济指标会引发增长强劲的预期，股市的反应取决于目前的经济状况。在周期早期阶段的改善信号有利于股市，但是在周期后期阶段的强劲信号反而可能是利空消息，因为此时对通货膨胀和政府限制政策的担心占据了上风。

目前，中国暂未统计该指标。美国方面，在大多数情况下，每个月的最后一个工作日由美国商务部公布前一个月的统计结果。

（十三）人民币指数

人民币指数参考 CFETS 货币篮子，具体包括中国外汇交易中心挂牌的各人民币对外汇交易币种，样本货币权重采用考虑转口贸易因素的贸易权重法计算得来。篮子货币取价是当日人民币外汇汇率中间价和交易参考价。指数基期是 2014 年 12 月 31 日，基期指数是 100 点。指数计算方法是几何平均法。如 105.50 点的报价，是指从 2014 年 12 月 31 日以来其价值上升了 5.50%。

人民币指数是综合反映人民币在国际外汇市场的汇率情况的指标，用来衡量人民币对一揽子货币的汇率变化程度。它通过计算人民币和对选定的一揽子货币的综合变化率，来衡量人民币的强弱程度，从而间接反映人民币的出口竞争能力和进口成本的变动情况。如果人民币指数下跌，说明人民币对其他主要货币贬值。图 10－12 为人民币汇率指数 2015 年 11 月 30 日至 2020 年 8 月 28 日的走势图。从图中可以看到，人民币指数的最新报价为 92.94，表示从 2014 年 12 月 31 日以来其价值下跌了 7.06%。

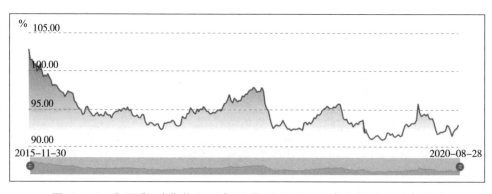

图 10－12　人民币汇率指数 2015 年 11 月 30 日至 2020 年 8 月 28 日的走势图

（十四）个人收入与消费支出

个人收入报告中包含反映消费者储蓄意愿的储蓄率数据。它等于可支配收入和消费之间的差额（代表储蓄）除以可支配收入（等于个人收入减去税收）。储蓄率可以作为反映消费者支出类型变化的指标。个人消费支出价格平减指数有时会作为消费价格指数的一个替代来衡量零售价格的通货膨胀率。

国家统计局采用分层、多阶段、与人口规模大小成比例的概率抽样方法，在全国 31 个省（区、市）的 1800 个县（市、区）随机抽选 16 万个居民家庭作为调查户。全国及分城乡居民收支数据来源于国家统计局组织实施的住户收支与生活状况调查，按季度发布。

个人收入和消费支出的增长显示经济在增长，因此强于预期的个人收入或者个人消费支出数据对债券市场是利空消息，它们担心央行会增加利率。对股市而言，通常强于预期的数据是利好，因为扩张的经济通常和利润增长联系在一起。但是，要注意的是，如果经济面临过热的危险，则强于预期的数据反而不利于股市。人民币走势通常和利率走势一致，强于预期的数据使得央行加息的可能性增加，则人民币也将走强。

2020 年上半年，全国居民人均可支配收入 15666 元，比上年同期名义增长 2.4%，扣除价格因素，实际下降 1.3%。其中，城镇居民人均可支配收入 21655 元，增长（以下如无特别说明，均为同比名义增长）1.5%，扣除价格因素，实际下降 2.0%；农村居民人均可支配收入 8069 元，增长 3.7%，扣除价格因素，实际下降 1.0%。全国居民人均可支配收入中位数 13347 元，增长 0.5%，中位数是平均数的 85.2%。其中，城镇居民人均可支配收入中位数 19617 元，增长 0.4%，中位数是平均数的 90.6%；农村居民人均可支配收入中位数 6682 元，增长 1.2%，中位数是平均数的 82.8%。按收入来源分，上半年，全国居民人均工资性收入 9010 元，增长 2.5%，占可支配收入的比重为 57.5%；人均经营净收入 2341 元，下降 5.1%，占可支配收入的比重为 14.9%；人均财产净收入 1376 元，增长 4.2%，占可支配收入的比重为 8.8%；人均转移净收入 2938 元，增长 8.2%，占可支配收入的比重为 18.8%。图 10－13 为 2020 年上半年居民人均可支配收入平均数与中位数。

2020 年上半年，全国居民人均消费支出 9718 元，比上年同期名义下降 5.9%，扣除价格因素，实际下降 9.3%。其中，城镇居民人均消费支出 12485 元，下降 8.0%，扣除价格因素，实际下降 11.2%；农村居民人均消费支出 6209 元，下降 1.6%，扣除价格因素，实际下降 6.0%；全国居民人均食品烟酒消费支出 3097 元，增长 5.0%，占人均消费支出的比重为 31.9%；人均衣着消费支出 611 元，下降 16.4%，占人均消费支出的比重为 6.3%；人均居住消费支出 2464 元，增长 3.1%，占人均消费支出的比重为 25.4%；人均生活用品及服务消费支出 582

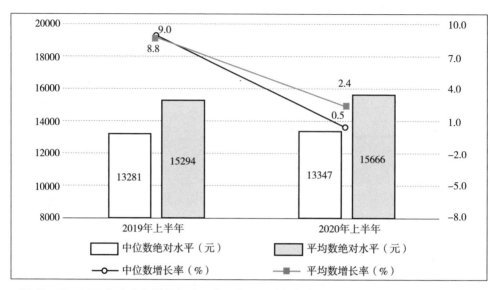

图 10 - 13　2020 年上半年居民人均可支配收入平均数与中位数（数据来源：国家统计局）

元，下降 6.4%，占人均消费支出的比重为 6.0%；人均交通通信消费支出 1238 元，下降 10.7%，占人均消费支出的比重为 12.7%；人均教育文化娱乐消费支出 664 元，下降 35.7%，占人均消费支出的比重为 6.8%；人均医疗保健消费支出 848 元，下降 9.9%，占人均消费支出的比重为 8.7%；人均其他用品及服务消费支出 215 元，下降 22.6%，占人均消费支出的比重为 2.2%。图 10 - 14 为 2020 年上半年居民人均消费支出及构成。

（十五）贸易差额

贸易差额，是指一个国家的进口总额与出口总额的差额，反映的是国与国之间的商品贸易状况，也是判断宏观经济运行状况的重要指标。

中国自改革开放以来，贸易差额连年扩大，国内经济开始转强，大量国外资产流入我国。此外，随着中国的崛起，美元的强势地位受到强烈冲击，很多国家基于警惕美元泡沫和防范全球金融风险的考虑，都在为国际货币的多元化作努力，一定程度也加速了人民币国际化。

在外汇市场上，20 世纪 90 年代起我国贸易顺差越来越大，尤其是对美国的贸易顺差逐年增长，使得美元压力重重。图 10 - 15 为中国 1981 年至 2020 年 7 月的贸易差额走势图。中国的贸易差额在 2020 年 7 月达 62329.4 百万美元，相较

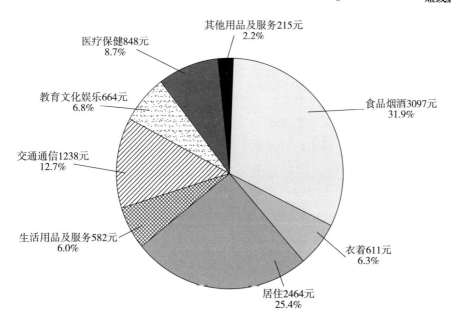

图 10 - 14　2020 年上半年居民人均消费支出及构成（数据来源：国家统计局）

于 2020 年 6 月的 46421.2 百万美元有所增长。1981 年 1 月至 2020 年 7 月期间平均值为 2216 百万美元，共 475 份观测结果。该数据的历史最高值出现于 2016 年 1 月，达 63286.8 百万美元，而历史最低值则出现于 2020 年 2 月，为 -62051 百万美元。

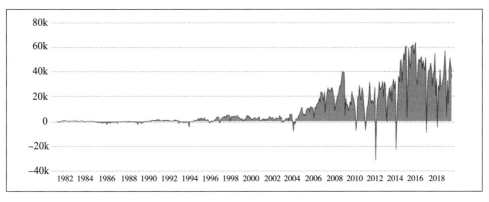

图 10 - 15　中国 1981 年至 2020 年 7 月的贸易差额走势图

（十六）ISM 制造业指数

ISM 指数是由美国供应管理协会公布的重要数据，对反映美国经济繁荣度及美元走势均有重要影响。ISM 指数分为制造业指数和非制造业指数两项，是衡量制造业的重要指标。其公布机构美国供应管理协会，是全球最大、最权威的采购管理、供应管理、物流管理等领域的专业组织。该组织成立于 1915 年，前身是美国采购管理协会，目前拥有会员 45000 多家，有 179 个分会，是全美最受尊崇的专业团体之一。ISM 制造业指数是考察制造业在生产、新订单、商品价格、存货、雇员、订单交货、新出口订单和进口等方面的情况得出结论以描述经济的走势的指数。该数据以 50 为强弱分界点，在 50 以上表示制造业向好，对货币有利；反之则意味着衰退，对货币不利。我国目前暂时没有引入这一经济指标。

图 10 - 16 为 ISM 制造业指数数据。从图中可以看到，2020 年 6、7、8 三个月，数据都在 50 以上，表示美国的制造业持续上涨，经济的发展持续健康。制造业是经济的基础，有制造业作为坚实后盾，采购经理人指数将会向好，GDP 数据有保障。

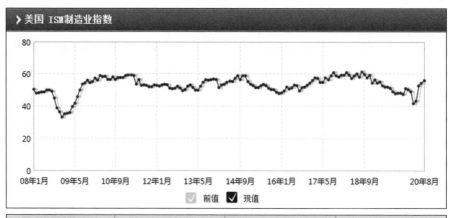

时期	前值	现值	发布日期
2020年8月	54.20	56.00	2020-09-01
2020年7月	52.60	54.20	2020-08-03
2020年6月	43.10	52.60	2020-07-01

图 10 - 16　ISM 制造业指数数据（数据来源：东方财富 Choice 数据）

（十七）ISM 非制造业指数

从 1997 年 7 月起，美国供应管理协会开始计算 ISM 非制造业指数，以作为 ISM 制造业指数的补充。从 1998 年 5 月起，该指数开始对外公布。

被调查者需要对商业活动、新订单、未交货订单、新出口订单、存货变化、进口、价格、雇佣状况和交货情况等几个领域提供评价。每个领域的状况或者被描述为更高、更低或者稳定。这些评价被编纂成扩散指数，计算方法是将评价为更高的比例加上评价为稳定的比例的一半。高于50%意味着增长，而低于50%则意味着收缩。

与ISM制造业指数相比，由于历史较短，ISM非制造业指数尚没有季节调整指数。因此，现在来评价该指数的可靠性还为时过早。不过在理论上，它将是对经济状况的一个有价值的实时指导。如果ISM非制造业指数上升，债券市场将之视为利空；价格下跌，股票市场则视之利好。美元汇率通常从美联储寻求暗示，若ISM非制造业指数上升，则意味着经济走强，美联储可能会提高利率，那美元就会相应走强。

图10-17为ISM非制造业指数数据。从图中可以看到，2020年6、7、8三个月，数据都在50以上，表示美国的非制造业持续上涨，经济的发展持续健康。

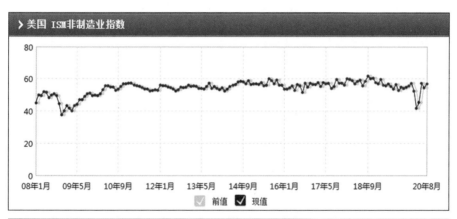

时期	前值	现值	发布日期
2020年8月	54.20	56.90	2020-09-03
2020年7月	57.10	54.20	2020-08-05
2020年6月	45.40	57.10	2020-07-06

图10-17　ISM非制造业指数数据（数据来源：东方财富Choice数据）

（十八）国际资本流动

国际资本流动是指资本从一个国家或地区转移到另一个国家或地区。净资本流入主要是指境外投资者因购买某个国家国债、股票和其他证券而流入的净额。国际资本流动既可以指货币形态资金的国际上转移，也可以指生产要素（或实物资本如设备、技术、劳动力等）的国际转移，统计上一般将实物资本折成货币价值来计量。在当今世界中，国际资本流动成为非常引人注目的经济现象，对全球经济的稳定和发展发挥着重要的影响。

国际资本的流入导致各国货币供给的大幅度上升。实际上，国际资本的流入和一国货币供应量之间并不一定存在必然的联系，这在很大程度上取决于各国政府的汇率政策和所谓的"抵消策略"。当面对资本的大量涌入时，一国央行可以采取两种不同态度：一是不对外汇市场进行任何干预，听任由于外资的涌入而导致的本国货币的升值，汇率上涨；二是通过外汇市场的汇率干预，在买进外币卖出本币的同时，在债券市场上卖出国债，抵消由于为稳定本币而增加的基础货币。第二点的情况和第一点的情况是相对应的。就像泰国和马来西亚的情况那样，这些国家通过加强政府的干预，维持了汇率的相对稳定，尽管这种稳定在国内经济状况恶化的情况下，实际上是脆弱的。

2020 年年初以来，中国资本市场上的国际资本短期波动很大程度上是受疫情冲击、发达国家金融市场动荡和全球风险因素上升综合作用的结果。解铃还需系铃人，随着疫情逐步得到控制，以及美联储等发达国家央行采取积极的政策对金融市场进行救助，国际资本正在回流到包括中国在内的新兴市场经济体的资本市场之中。这也奠定了 2020～2021 年 A 股进入上行通道的国际资本基础。

三、基本分析

决定短线买卖成败的诸多因素中，最关键的是对大势是否能够做出正确的分析和判断。短线买卖不像买大小，完全是靠运气，即使能够获得收益，但是结果根本不能控制，应通过一定的分析进行预测。预测价格走向的主要方法有两种：基本分析和技术分析。两者是从两个不同的角度来对市场进行分析，在实际操作中各有各的特色，因此投资者应结合使用，本书对短线操作的技术面已经进行了十分详尽的论述，但笔者真心希望投资者即使操作短线，也尽量要结合基本面，以获得更大的胜利。[①]

所谓基本分析，就是着重从政治、经济、个别市场的外在和内在因素进行分

---

① 有关"技术分析"的更多内容，可参阅拙作《炒股实战技法》，北京：中国宇航出版社。

析，再加上其他的投资工具，以确定市场的目前状况，进而决定应该入市还是离市。以基本分析为主要分析手段的分析家，一整天都在研究公司的基本面、政府部门的有关资料以及各个机构的报告，来推测市场的未来走势。基本分析涉及的主要因素概括而言包括：

（1）政治局势：政治动荡通常对股市产生利空效应，战争会使得物价上涨，进而导致股市暴跌；而和平的发展环境则会对股市产生有利的影响；

（2）公司数量：上市公司数量的增减，会影响到股市的供求平衡。在资金有限的情况下，如果上市公司数量激增，股市整体很难出现大的起色；

（3）政府行为：当政府（主要指养老金与平准基金等）觉得个股偏热时，不管当时股票的价格如何，都会卖出所持有的股票。与此相对应，政府入市的资金量，也是影响股票价格的重要指标；

（4）投资需求：股票是一种融资工具，更是一种投资工具。当场外资金充沛的时候，特别是在房地产供给过剩的情况下，入市资金的增多将会影响股票的价格；

（5）货币走势：通过对人民币走势与 A 股走势的长期跟踪观察不难发现，人民币与 A 股具有非常强的正相关性；

（6）通货膨胀：当物价指数上升时，就意味着通货膨胀的加剧。通胀的到来会影响一切投资的保值功能，所以股票价格也会有升降；随着黄金作为对付通货膨胀的武器的作用减弱，高通胀将会对股价起到更为强烈的刺激作用；

（7）利率因素：如果利率提高，投资人士存款会获得较大的收息，对于以赚取差价为目的的股市来说，会造成利空作用。相反，利率下滑，会对股市较为有利。

股市走势的基本分析有许多方面，我们在利用这些因素时，应当考虑到它们各自作用的强度到底有多大。找到每个因素的主次地位和影响时间段，来作出最佳的投资决策。

基本分析的不足与限制

投资者在进行股票买卖之前，第一步就要对基本面进行分析。假如缺乏基本分析，投资者根本不可能知道市场的现状，了解不到股市是处于收缩还是增长阶段，市场状况是否过热，现在应该入市还是离市，投资的资金应该增加还是减少，市场趋向如何。所有这一切的基本因素分析都是不可缺少的步骤。但是对股市的基本分析还存在着一定的局限性。

1. 上市公司的资料难以获得或时间滞后

上市公司并不情愿向公众公布真实信息，或者信息的公布有一定的滞后期，分析师的数字只能通过估计得来。所以当企业在最后时刻公布消息时，根据公告信息的重要程度，完全可能使市场产生强烈震荡。基本分析在这方面，就显得有些力不从心。

2. 捕捉不到峰顶和谷底，不能告诉我们入市的时机

即使是在大牛市阶段，股价也会有起有落。假如可以把握每一浪的走势，在低处吸纳、在高处卖出，获得的利润必然要比简单持有高得多。而基本分析，恰恰不能捕捉到这些细微的变化。

我们经过基本面的分析以后，都知道股市是在大牛市（熊市）阶段。但是应在哪一天介入呢？现在做多，可能后天价格就会低得更多。等到下星期再买，可能现在就是最低价。因此，基本面分析只能告诉我们股票价格的大势，而根本不能向我们提供入市的最佳时机。因此，除了在股票买卖中要进行基本分析以外，还要通过技术分析来进行补充。

第二节　赢家策略

本书的主题为短线，但笔者并不希望投资者掉入短线的泥淖之中无法自拔，笔者提倡的是"顺势而为"前提下的"看长做短"。为了让你避免"逆势而为"，并骄傲地站在赢家的行列中，笔者总结了一些成功交易者必备的交易策略。

（1）只有在市场展现出强烈的趋势特性，或者你的分析显示市场正在酝酿形成趋势时才进场。一定要找出每只股票持续进行的主趋势，而且顺着这个主控全局的趋势交易，否则唯有观望。

图 10－18 为上证指数（000001）2014 年 9 月至 2021 年 3 月的月 K 线界面

图 10－18　上证指数（000001）2014 年 9 月至 2021 年 3 月的月 K 线界面图

图。从图中可以看到，自 2019 年 2440 点至 2021 年 3 月，月线级别共出现过七个高低点，七个高低点中有四次高点，三次低点。按照"顺着主控全局的趋势交易"的思想，真正的趋势投资者完全可以将这四次高点全部忽略掉，除非触发止损信号，否则不应采取任何做空行动。趋势投资者真正要做的只是在上升趋势中努力识别出这三个月线级别的低点，并在每次低点砸锅卖铁地加仓即可！正所谓：牛市不做空，熊市不做多；牛市只做多，熊市只做空！

（2）顺势交易的建（加）仓点有三个：

①新趋势的形成点；

②横向震荡显著走向某个方向的突破点；

③上涨主趋势的回调点（做多）或下跌主趋势的反弹点（放空）。

图 10-19 为上证指数（000001）2020 年 3 月至 8 月的日 K 线界面图。图中的"123"与上述三条一一对应。

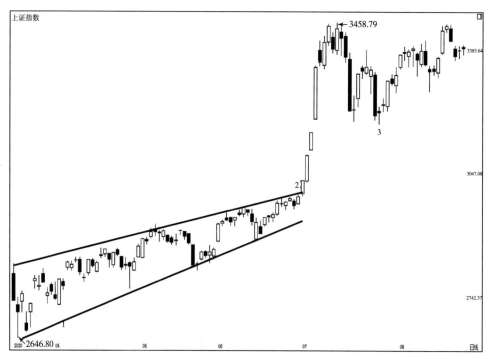

图 10-19 上证指数（000001）2020 年 3 月至 8 月的日 K 线界面图

（3）顺势而为的仓位，可以给你带来很大的利润，所以千万不要提前下车。在这个过程中，你要拒绝很多诱惑，不要一见到小波动，就想做短线，不要逆势交易。除非你很会做短线，而且设置了止损点，否则不要轻易做短线。

如图 10 - 19 所示，如果你在 1 处建仓后，在 1—2 阶段频繁做短线，很有可能会错过 2 处的突破，从而捡了芝麻丢了西瓜。2020 年 3 月 19 日创出 2646 的最低点，三天后的 3 月 22 日，笔者在个人自媒体对该低点的有效性进行了紧急确认，并做出预测："A 股进入最后的横盘收尾阶段，中国疫情将在全球范围内率先结束，中国将引领全球经济复苏！"并提醒广大投资者 2~3 个月左右没有大行情，将以横向震荡为主，此阶段可抱持"抛开大盘做个股，但应保持必要仓位"的交易策略，谨防"2"之前被洗出局，错过主升浪。

（4）只要所建仓位和主趋势一致，而且市场已经证明你是顺势交易，你可以在第（2）条第③点所讲的技术性回调处进行"金字塔式"加仓。

图 10 - 20 为深证成指（399001）2020 年 3 月至 7 月的日 K 线界面图。图中标注了该段行情的建仓与加仓点。

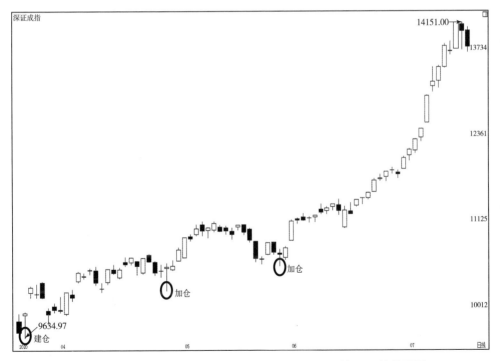

图 10 - 20　深证成指（399001）2020 年 3 月至 7 月的日 K 线界面图

（5）保持仓位不动，直到你用客观的分析发现，趋势已经反转，或者将要反转，这时就要平仓，而且行动要快。如果随后的市场趋势告诉你，行进中的主趋势依然不变，平仓的行动过早时，你要重新上车，也就是在回档时，再次建立顺势而为的仓位。

图10-21为上证指数（000001）2014年10月至2015年4月的日K线界面图。如果你在A处建仓后，在B处选择平仓，当C再次超越B时，你就要重新上车。

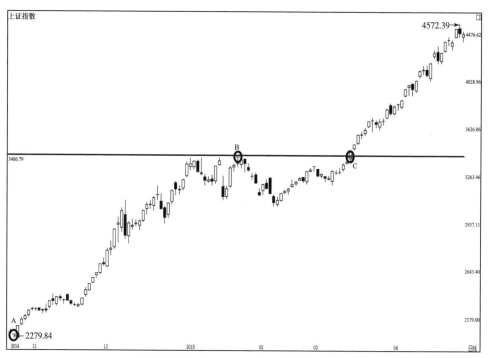

图 10 - 21　上证指数（000001）2014 年 10 月至 2015 年 4 月的日 K 线界面图

（6）如果市场趋势反向，也就是没跟你站在一边，怎么办？没别的法，快跑，行动要快。

（7）顺势交易的平（减）仓点有三个：

①市场已经完成了上涨的目标；

②市场主要情绪已经变成绝对看涨，小趋势已经上涨；

③价格已经钻入上面可怕的阻力区，再上涨就要进行关键的价格修正了。

（8）良好的技术交易系统只是成功的一半。我的看法是：你需要有效的市场交易策略和战术，并加上优秀的资金管理。

（9）碰到趋势对自己有利时，交易者应该保持从容的态度，稳坐赚钱的仓位，不要轻易去动它。只要市场对你有利，不管多久，都要继续持有仓位。

（10）持有盈利的仓位就像是骑一匹难驯的马。一旦你上去了，你知道要做什么——坚持再坚持，不要落马。你知道，如果你还在马上，你就是赢家。听起来很简单，但这就是成功交易的精华。

（11）普通投资者最大的问题就是控制自己，不要在上涨时买入，不要在回调时卖出。这肯定是个问题。我有一个防止"滥交"的小习惯——每天早晨，我阅读《股票作手回忆录》，尤其是李佛摩尔"坐不住"的那一段。我要拒绝"滥交"，拒绝心血来潮的交易，拒绝因为消息或流言就在回调时卖出。这些都是诱惑，这样的诱惑很多。

（12）用两种不同的方法来计算价格，这两种方法相互独立，但是都得到了相同的结果，这样做会让你印象深刻。

（13）专家们常出错，差劲的表现提醒交易者注意两件事：

①专家是人不是神，是人就会犯错；

②交易短线求取最高利润的方法，是掌握好的时机，运用技术方法，同时必须有优秀的资金管理，并把注意力重点放在顺势交易上，而不是放在搏反弹上。

（14）我们可以得到一个教训：与别人分享交易思想和市场意见，是不会有太大好处的。

（15）如何根治输家心态？我的办法是：自己分析市场，部署好策略和战术，不要让别人知道。只要有某种方法或技术被你证明管用，你就根据这种方法和技术去做客观的分析和市场研判，并且坚守分析和研判的结果就可以了。此外，只有在合乎实际和客观的技术证据显示有必要时，才修正交易策略。

（16）要是你的交易赚了钱，那么你应该抬起胸膛，接受奖赏；如果亏了钱，要自己承担亏损。很显然，进出市场你都必须有信心和勇气。如果你没有信心，就不要交易。

（17）失败的投资者大体来讲跟以下缺点有关：不用心，进出时机不当，漠视优秀交易策略的基本原则，缺乏信心，没有纪律，没有坚持良好的技术系统和方法。

（18）价格不能跟着利好消息上涨的时候，就该出场了。

（19）当基本面的结论与市场预测趋势相反时，不管技术性的结论，死守逆市仓位且不设止损点的话，很容易身陷险境。

（20）这笔交易亏了钱，可以给我一个教训：在明确的价格趋势中，想要逆势抓顶或逃底，对个人的钱袋子绝对是有害的。

（21）交易要成功，还有一件事情必须考虑，不过这件事很少被人提到，那就是耐心！要等到自己能够有较大胜算把握的机会才出手。知道何时不要交易，很有耐心地等候在一边，在正确的时候进场——这是投资者面对的最艰难的挑战之一。

（22）市场趋势总是已经消化吸收了所有消息，而且市场价格一定会波动，而且在每一次波动之后，分析师和股评家也一定会等在那里，对市场刚发生的事情提供完美的解释。从很大程度上来说，是价格制造了新闻，而不是新闻制造了价格。市场对价格非常敏感，通常它总是提前消化吸收了大部分新闻，当大众知道这些新闻时，这些新闻已过时了。

（23）有一个十分简单的真理：市场大部分时间都是相当平衡的。换句话说，是处在一个宽广的漫无目标的区间内，没有明显的上涨或下跌趋势。此时，你可以玩一种叫反趋势交易的游戏：价格回调到交易区间的下档时买入，反弹到上档时卖出。但是市场一旦跳出这个横向震荡区间时，不管是往哪个方向，就要舍弃反趋势交易所建的仓位，顺着突破所显现的强势方向建仓。这种交易策略的重中之重是：虽然交易是逆势而为，但是市场一旦达到你的止损点，你一定要停止原来的做法，改为顺势交易。

（24）经验显示，我们找不到可行的或者永远可靠的方法以卖到最高点和买到最低点。我们都有过一大早就卖出赚钱的顺势仓位这种令人气沮的经验。因此，不妨坐等市场自动把你带出场（移动止损点）。你可能要问，为了控制自己的亏损，到底什么才叫作可以接受的水准？听到这种问题，我的第一反应是：把你所有的账面亏损限制在你晚上睡得着的水准。

第三节　赢家系统

圣贤不坠青云志，

并非一朝彩云间。

夜来万众皆入睡，

孤灯相伴人未眠。

俗话说：人贵有自知之明。每个人最大的学问就是能够认识自己，看清自己。对于大部分人来说，经验才是最好的老师。所以，我们每个人在找自身的不足的时候，一定要比分析成功经验的时候更为认真。不管做生意还是买股票，想要成功也都不是一朝一夕的事。

快速发展的结果必然会导致快速衰落。想在股市上一夜暴富的人，通常也难以留住到手的财富，正所谓"来得容易去得快"。只有经过多年实战，不断检讨自身弱点和不足并吸取教训的人，才能够在成功后保留住自己的钱财。

想要在投机的生意中做常胜将军，就必须先要战胜自己。你会发现自己天生就是做多或是做空的料，也就是说，你要么总想着股票涨幅超过实际预期，要么想着跌了还会再跌。因此，在交易的时候对自己的弱点打一个折扣，很多判断其实算不上判断，只不过是你天生的弱点或者想象罢了。要学会在常规下看待事物，无论是利好或是利空，都不要进行丝毫夸大。

有些人发现自己胆子很大，所以他们喜欢频繁交易。而另外一些人发现自己没有勇气，在时机到来的时候不敢大量买进或者卖出。这些都是自身的弱点，一定要克服掉，必须要学会如何交易。这样，进入股市才不会抱有过多的希望和恐惧。入市前一定要认真思考，并以确定的、正确的买进或者卖出标准为依据。要牢记，自己随时可能会犯错误，而防止自己作出错误判断的方法就是在交易时设置止损单。这样，就不必害怕形势朝着对自己不利的方向发展了！因为你很清楚，自己的损失有限，就算当时损失了点，依然可以利用下个交易的单子再赚回来!

若想依靠短线长期稳定地获利,那么操作就应该是一个过程,而绝不是简简单单的一次买入与卖出。

其实,我们每个人心中都有一个强烈的愿望,那就是希望我们的每一次操作都是正确的,但是,理智地思考一下,李佛摩尔一生之中的平均正确率仅仅是35%,有35%的平均正确率就算得上世界顶尖操盘手了。人非圣贤孰能无过,勇于认错纠错才是关键。

与此同时,几乎所有新股民都相信有一个战胜市场的万能钥匙,认为这个钥匙可能是一个指标、一种形态或者一个软件服务商开发出来的操盘系统。我身边有许多投资者购买了这种动辄几万元一套的所谓"操盘系统",宣传资料上说能够让人"战无不胜"。

说句实话,我向来对这种"操盘系统"嗤之以鼻。在牛市的时候,即使你不用任何"操盘系统",赚钱也是大概率的;在熊市的时候,这样的"操盘系统",只能让你赔得更多、赔得更快!

到底有没有能够长期稳定获利的方法呢?答案是肯定的,而且答案就在本书中,也在你的心中。更进一步说就是:稳定盈利的前提就是找到一个属于你自己的独一无二的"操盘系统"。这个操盘系统只能是你自己经过千锤百炼后得到,买是买不到的。形成自己的"操盘系统",也是短线选手长期稳定获利的正确方法。

目前,笔者已经开发出短线狙击、中线波段、长线趋势等多套不同的操作系统,而且部分已经进行了程序化设计,开始程序化自动交易,有兴趣的读者可以到我的新浪微博@江道波进一步了解。但笔者不建议读者秉持"拿来主义"的原则,因为这些系统不一定适合您。无论使用谁的操盘系统,使用什么样的操盘系统,一定要秉持以下几条原则。

(1)弄清原理。别人的操盘系统可以拿来即用,但是,在使用之前,您应该搞清楚这个操盘系统的设计原理是什么,看看到底适不适合您。

(2)以道驭术。"短线赢家"追求的是"以道驭术",而不是仅仅停留在"术"的层面,操盘系统说白了不过是停留在"术"的层面,在使用之前,您应该用更高层次的交易哲学来统领操盘系统。

(3)青出于蓝。牢牢记住,使用别人的操盘系统,是在没有自己的一套操盘系统的情况下的一种无奈之举,是为了有朝一日形成一套适合自己的操盘系统。

诚如第（2）条原则所言，操盘系统再怎么牛，也仅仅是停留在"术"的层面，以道驭术也仅仅停留在交易的初级阶段，交易的至高境界是——大道无术！

现将笔者纵横股海十余年的交易思想，或者说是交易哲学的"大道无术"阐述如下：

将市场所有的行情压缩后它就是一条直线。

再压缩后就是一个圆形的点，点和直线都无法让我们赢钱，所以我们还要找到市场走过的漂亮弧线。

行情不会一定按弧线走个完整的圈，但却可以帮我们找到一个方向。

行情在走弧线时犹如舞蹈般优美，但再高明的舞蹈家也不能失去支撑平衡的动力。

如果你不能找出舞蹈中的平衡动力，那你就找不到灵感也创不舞蹈出艺术。

市场中的平衡灵感犹如你的女神，要用平静的心去呵护和感悟，这样她才会离你很近。

当她有需要的时候，你一定要顺着她的心意去满足她，这样你才会得到平静和收获，如果悖逆着她，只会换来烦躁和牺牲。

当你从她那里只会一心索取的时候，她就会离开和背叛你。

如果你和她的关系得不到平衡，一定是你的错，因为她永远也没有错的时候。

如果你无法找到自己错的原因并改正，请你主动离开她，而不是让她离开你。